飲食香港

一位人類學家的
日常觀察

HONG KONG
Foodways

張展鴻 著

譚宗穎 譯

Contents 目錄

　　在此要再一次感謝我的家人、朋友和香港大學出版社「香港系列」的各位同僚,因為沒有他們的鼓勵和邀請,不會有本書最初的英文版出現,也不用說今天的中文版了。至於這本「飲食香港」的面世,當然要感謝香港三聯書店的垂青,為我提供了這個和廣大華語讀者交流的機會,從而加強日後在飲食和文化方面的研究基礎,實在是本人的幸運。整理過去十多年的研究,從了解流浮山蠔和元朗一帶的淡水魚養殖,到探討戰後來港移民為香港社會帶來的客家、上海和北京菜,以至新派粵菜、外來菜式和懷舊食品等的普及,都在書中分享了一些資料和看法,希望讀者可以從中了解香港地區的飲食生活;特別是在戰後經濟急速發展的環境中,從食物觀察到不同因素給香港社會帶來的衝擊。除了這些富有動感的食品變遷之外,我近年對一些看似相對平平無奇,甚至被遺忘的鄉村食品十分之感興趣,主要是它們可以為族群研究提供反思的機會。

　　事緣在過去數年間,因為疫情關係無法到香港以外的地區作田野考察,也剛好得到同大學建築學院的同僚的邀請,參加了在香港不同地區的鄉郊保育的調查和研究項目。雖然多年前也有研究本地圍村和客家村落的經驗,但因為地區不同,這次在大嶼山南部和東北部沙頭角一帶沿

海社區的考察，對我來說也是一開眼界。最初和大嶼南村民的接觸，希望了解當地的民間傳統之際，問及在一年間不同季節會否製作一些食品提供給村民一同享用時，第一次聽到一種類似海鮮湯粉的東西，其後經過多番追問和考證，最後得知這叫「瀨鑊邊」。但有機會親身試到這食品，差不多是從研究開始一年多之後的事了。可能大家會問為什麼要花上這麼長的一段時間，是否製作技術很複雜，或者已經失傳。其中的原因是一直無法找到一個合適的時間，這可能因為這種食品已經在他／她們的生活不再有特定的角色。反觀在六七十年代之前，瀨鑊邊是常見的食物，例如大嶼山水口村的瀨鑊邊會用當地池灘一帶收集到的沙白蜆來做湯底，加上米漿和其他配料煮成。根據作者在沙頭角一帶的田野研究，瀨鑊邊在六七十年代仍然十分普遍，特別是沿海的本地客家村落，雖然並不是與特定節慶有關，但卻是村中家庭的日常食物，其做法和台灣的閩南小食「鼎邊銼」非常相似。據村民的回憶，昔日用的材料正是取自當地種植的稻米磨成的米漿和沿岸捕獲的海產，在每家的爐灶，用柴火在大鑊中煮出上湯和製作粉食。瀨鑊邊又名「酹鑊邊」，是鶴佬水上人和沿海客家鄉村的傳統食品。一般以鄉村附近採集得來的食材為主，現在大嶼山水口的瀨鑊邊就以沙白蜆為主要材料，加上村民慣用的冬菇、唐芹和蔥頭來作湯底，把粘米漿「瀨／酹」或澆於鑊邊，固定後剷起放回鑊中心的湯內便可食用。雖

然它主要是鶴佬和客家的食品，但因南大嶼一帶的本地村與客家村有長期交往，自然地在一些本地村也承傳着這生活習慣。還有，瀨鑊邊看似簡單，但實際上卻是融合了稻米農耕和海岸捕魚的生活，反映了沿海社區的獨特生活文化。在近年的研究中，有機會在兩個地點——大嶼山和沙頭角分別見到這種食品的再現，更重要的是得悉不同世代的村民對瀨鑊邊的看法，從而可籍以討論「傳統」的價值和意義。

雖然這類飲食研究以觀察和描述為主，仍希望對本地客家提出一些小反思。對於瀨鑊邊的製作和研究，不應單單視作是一種本地烹飪方法的重現，它亦反映沿海族群過去的生活和不同族群之間的相互關係。沙頭角谷埔村的瀨鑊邊聚會，反映出村民對傳統的重視和他／她們之間的氏族聯繫。而水口村的瀨鑊邊，不只是代表本地村如何受到周邊族群（客家和鶴佬）的影響，而且突出了地方資源（沙白蜆）如何被選用為傳統食品的材料。所以，瀨鑊邊給我們展示了社會生活的建構和發展過程，特別是世代居住於沿海社區的新界原居民族群之間的文化互動。瀨鑊邊在地方傳統的主流論述中，一般被認為是昔日客家農家的食物，沒有時節的規定和限制，也不是與任何民間信仰活動有關，可算是平民的日常食物的代表。但正因為其簡單和純樸的特色，突出了農村平常生活的實踐及其融合地方環境的部分，正如南大嶼水口村雖然是本地圍村，也因周邊

沙灘的獨特地理環境，製作其特色的沙白蜆湯瀨鑊邊。而沙頭角谷埔的村落更展示清代遷來的客家人在長時間的沿海生活中演變出的飲食智慧。這些地方特色食品，不但是簡單而且價廉的平民生活文化的展示，而且更凸顯了沿海社區的包容和族群互動的特質；長遠來說，應該是一個很有學術意義的研究題目。

其實鄉村食品不單包含複雜的歷史文化意義，而且有很多族群之間的微妙互動關係，既不能一刀切地清楚畫分界線，也不容易分辨其出處和製作背景。在香港平日常見的糕點也不容易為它們清楚定義，例如糕（發糕、年糕）、粄（喜粄、蘿蔔粄、圓籠粄）、粿（茶粿、艾葉粿、雞屎藤粿、潮州的各種粿）和糍（糯米糍、糍粑，雜糍、油糍、惠州的水糍）之間的分別，似乎就隱含了很多學問。

另外，在飲食研究中，大家都知道其重要性，但未有太多研究和分析文章面世的，要算是媒體的飲食評論研究了。因為通過這些評論的介紹和分析，大眾對食品的欣賞能力都有所提升或改變，並在味覺和創意上有更多的要求；換言之，這影響了大眾的「口味」。對於飲食評論的探討，我們需要關注不同的形式。例如，美食作家以什麼標準來推介和評價美食？是從歷史文化角度來確立其原真性或是鼓勵和追求創意？儘管他們的大部分作品尚未從學術角度進行研究，但我認為重要的是，要記住他們對香港和華語世界的大眾帶來的影響。在這裏，我想提一下幾位

在公眾中知名度最高的美食評論家或作家，他／她們是電視節目、廣播脫口秀、書籍和報紙或雜誌採訪等各種媒體中的熱門人物。其中如江獻珠、梁文韜、蔡瀾、麥耀堂（唯靈）、劉健威等正是其中的有代表性的人物。他／她們在烹飪實踐和飲食經驗方面有着不同的背景，其中一些也受到家庭傳統的影響。例如，江獻珠的祖父是清末太史，也是著名的美食家；梁文韜是一家著名鄉村菜餐廳的專業廚師；蔡瀾在新加坡、日本和中國都有非常多元化的生活經歷；唯靈是記者出身，活躍於美食和旅遊諮詢領域；劉健威是現代私人美食概念的創始人，因其藝術方面的學術背景而被稱為「美食策展人」。他們透過文字，吸引大眾讀者注意的不僅是食物的品種和烹飪技藝，還有相關人物的歷史、文化和故事，這被認為是提升了我們社會實踐中食物和飲食知識。除了寫作之外，他／她們還參加電視電台節目和不同的公眾活動或帶領美食旅遊，所以，我們不難明白到美食評論家在建構香港飲食的社會品味和文化意義方面發揮着重要作用。

隨着香港生活水準的快速提高，出國旅遊、奢華生活、美食成為中產階級崛起以體現社會地位的表徵；特別是明星、名人和美食作家在香港的許多電視旅遊節目中介紹昂貴食品的消費時，情況尤其如此。名人介紹當地的美食佳餚及旅遊目的地的名店；他們解釋當地人如何準備和烹飪他們吃的菜餚，此外還介紹一些異國情調的食材和食

品的其他方面。與個別美食作家相比，記者撰寫的美食專題較多，為香港乃至華語社會大眾的飲食消費帶來了「味覺」衝擊、新觀念、新標準。例如，其中一份免費隨書贈閱的周刊《飲食男女》（1997-2021）在單一主題下作出各式各樣包括食材和烹飪方法的報導，並提供比較。《飲食男女》刊登的美食文章通過特定的主題，讓讀者一方面了解品種，另一方面可以根據不同的標準進行比較，例如廚師的背景、佈置的想法、地點、獨特性和價格，可算是飲食報導評論的先驅。另外一種評論食品和餐廳的形式應該是飲食媒體網絡如 Openrice.com 這類網上平台，以消費者為主動角色，審評食店在各方面的水準。換言之，飲食的好壞及其意義，由早年以美食家的主觀審評和介紹為主，慢慢隨着專業雜誌的報導提升市場的了解，而加上近年社交媒體的發達，更推動了顧客的參與。而對於這些變化和對飲食的了解，我認為正是飲食研究需要多下工夫的地方。最後，近年香港的純素食者和素食者數量大幅增加，而且越來越多的年輕人對農業和有機農業表現出興趣，這都提醒我們飲食不單取決於健康營養、宗教信仰和經濟，而更重要的是它如何成為人和社會的互動成因。

英文版序

　　香港的食物種類繁多，亦為世界各地人士所熟知，在城市的每個角落都可以找到食肆。在香港生活，人們可以享用來自不同國家的食物，包括那些比較傳統的品項，以及以創意技能及異國情調食材創製的新發明。實際上，這裏的粵菜餐廳較多，然而非粵式以至非中式餐廳的增加，不僅反映出香港人飲食習慣的改變，也反映出上個世紀香港社會政治發展的態勢。因此，當我們談到香港的飲食方式時，所指的除卻食物的形式、味道和質感等物理方面，還包括生產方式、地方意義、傳統價值觀、思想、社會變化和文化身份認同。

　　至於在香港可以找到的各種中國地方菜系，大家總對其正宗與否感興趣。它們到底是正宗的傳統菜式、混搭菜，還是符合當地經濟利益的改良食品？雖然不能用三言兩語就能解答以上問題，但我認為在香港的粵菜是比較正宗的，並隨着社會及文化的發展而有所變化。例如，廣泛使用豬油或動物脂肪在香港並不常見，因為人們的健康意識越來越強。然而，在香港發現的非粵式菜系與移民群體密切相關，他們特別關注烹飪技能如何、為何被繼承和使用。因此，當有各種特定群體湧入時，香港出現了某些具本地風味的混搭式中菜也就不足為奇了。例如，為祖籍廣

東的大眾提供的上海菜，可能與上海移民及其家人所食用的大不相同。而非中式食品的發展則頗為耐人尋味，非中式菜系到底是何時、為何，以及如何在這個城市被接納並流行起來的，無疑是個相當值得探討的題目。

自二十世紀初以來，香港一直是個不斷提升和發展的移民城市。而我們不期然會問到這些人口的增加和不同族群的互動是如何影響了香港的飲食文化？1997年的香港回歸帶來重大的變化嗎？香港與內地及其他國家的關係，未來會發揮作用嗎？同樣地，傳統、保育、生活方式、幸福感的追求和城市發展等問題，也會對香港社會的飲食文化產生影響。為全面了解上個世紀香港飲食文化的發展，本書將描述其變化和創新，並特別關注自戰後以來的生活方式和社會品味變化的背景。我希望通過研究不同社會發展時期的香港飲食文化，擴大相關經典著作的向度。香港作為東亞一個快速變化的社會，通過討論有關其身份、移民、消費主義、全球化，以及本地菜系發明的最新理論問題，將有助推進人類學研究。

為撰此書，我修訂了我的大部分研究發現。其中一些研究，曾發表於不同的學術期刊及文集。我期望此書能成為本人研究香港飲食的一個里程碑。我曾經立志成為電影人，也可能是因為這份未了的心願，促使我將每篇已發表的文章視為一部短片，希望它能向我的讀者展示社會現實，並為他們提供一個嶄新的視角。我對這種文章小系列

特別感興趣，因為可以基於原有題材上進行有系統的發展，方便在分析上的深化和建立完整性。我早期作品中不乏三部曲模式，包括對阿伊努人的形象、[1] 屏山文物徑、[2] 濕地景觀，[3] 以及小龍蝦消費 [4] 的研究。然而，這本書不僅僅是三部曲，因為它涵蓋了早年我對淡水魚養殖、客家餐廳、新派粵菜、盆菜，以及我最近對養蠔、香港上海菜的研究。我希望這本書能為香港的飲食文化研究提供新的見解，並成為享用香港美食時可以分享的新話題。最後，關於書中的羅馬拼音，我並未採用單一系統，而是使用了包括威妥瑪（Wade-Giles）、漢語及傳統粵語的各類拼法，希望這不會為讀者帶來太多不便。

注釋

1 Cheung, Sidney C. H. 'Change of Ainu Images in Japan: A Reflexive Study of Pre-war and Post-war Photo-Images of Ainu', *Visual Anthropology*, Vol. 9, No. 1(1996), pp. 1-24. Cheung, Sidney C. H., 'Men, Women, and "Japanese" as Outsiders: A Case Study of Postcards with Ainu Images', *Visual Anthropology*, Vol. 13, No. 3(2000), pp. 227-255. Cheung, Sidney C. H., 'Japanese Anthropology and Depictions of the Ainu', in Shinji Yamashita, Joseph Bosco, J. S. Eades, *The Making of Anthropology in East and Southeast Asia*, Oxford and New York: Berghahn Books, 2004, pp. 136-151.

2 Cheung, Sidney C. H., 'The Meanings of a Heritage Trail in Hong Kong', *Annals of Tourism Research*, Vol. 26, No. 3(1999), pp. 570-588. Cheung, Sidney C. H., 'Martyrs, Mystery, and Memory behind a Communal Hall', *Traditional Dwellings and Settlements Review*, Vol. 11, No. 2(2000), pp. 29-39. Cheung, Sidney C. H., 'Remembering through Space: The Politics of Heritage in Hong Kong', *International Journal of Heritage Studies*, Vol. 9, No. 1(2003), pp. 7-26.

3   Cheung, Sidney C. H., 'Fish in the Marsh: A Case Study of Freshwater Fish Farming in Hong Kong', in Sidney C. H. Cheung, Tan Chee-Beng, *Food and Foodways in Asia: Resource, Tradition, and Cooking*, London and New York: Routledge Press, 2007, pp. 37-50. Cheung, Sidney C. H., 'Wetland Tourism in Hong Kong: From Birdwatcher to Mass Ecotourist', in Janet Cochrane, *Asian Tourism: Growth and Change*, London: Elsevier Science, 2008, pp. 259-267. Cheung, Sidney C. H., 'The Politics of Wetlandscape: Fishery Heritage and Natural Conservation in Hong Kong', *International Journal of Heritage Studies*, Vol. 17, No. 1(2011), pp. 36-45.

4   Cheung, Sidney C. H., 'The Social Life of American Crayfish in Asia', in Kwang Ok Kim, *Re-orienting Cuisine: East Asian Foodways in the Twenty-First Century*, New York and Oxford: Berghahn Books, 2015, pp. 221-237. Cheung, Sidney C. H., 'From Cajun Crayfish to Spicy Little Lobster: A Tale of Local Culinary Politics in a Third-Tier City in China', in James Farrer, *Globalization and Asian Cuisines: Transnational Networks and Contact Zones*, New York: Palgrave Mac Millan, 2015, pp. 209-228. Cheung, Sidney C. H., 'New Orleans, New

Territories', in Stephen Chu Yiu Wai, *Hong Kong Culture and Society in the New Millennium: Hong Kong as Method*, New York: Springer Nature, 2017, pp. 79-90.

引言：香港的飲食文化

　　根據《韋伯詞典》(*Merriam-Webster Dictionary*)，「飲食文化」(foodways)一詞被定義為「一個民族、地區或歷史時期的飲食習慣及烹飪實踐」。飲食習慣是相當複雜的課題，因為那是集體經驗而非個人選擇；而烹飪實踐也可以進一步包括相關的生產、加工、分銷、消費等元素。因此，飲食文化不僅顯著地影響我們吃什麼，而且影響我們過去及現在如何、為何，以及在何種情況下選擇食物。自 1970 年代以還，民俗學家和人類學家在討論食物時廣泛使用「飲食文化」一詞，以了解飲食實踐當中潛藏的文化及社會政治意義。據民俗學家 Jay Anderson 的博士論文所言，他認為飲食文化包括「特定社會所有成員共用的食物概念化、評估、採購、保存、準備、消費和營養的整個相互關聯系統」。[1]

　　這個關於飲食文化的歷史和定義，涵蓋了本書所討論的範圍，也就是上世紀香港社會的食物生產及消費情況。我亦想強調我們的社會的本地飲食，取決於多方面，包括生態環境、國際化進程、移民遷徙及社會政治等。當提到香港與世界其他城市不同之處時，大家可能會想到街道上霓虹燈的顏色、餐廳裏成群的顧客，以及人們與親朋好友一起吃喝時的熱情。在香港，人們對食物的厚望，可以用

「飲食天堂」這句老話來表達。然而,香港的食物種類繁多,不僅意味着人們必須在中菜、亞洲菜和西菜之間作出選擇,還令其生活方式和價值觀與食物之間的關係更趨複雜。我們如何決定食物在香港社會中的含義,其與同樣充滿選擇的亞洲城市,諸如東京、首爾、新加坡、北京和台北等又有何不同?一如其他眾多地方,香港人不單止以進食作為獲取營養、滿足人類生存本能的行為,亦視食物為其社會的標誌之一。

今日,在香港找到的食物種類繁多,從便宜到昂貴、從普通到稀有、從本地的到全球的包羅萬有。除了粵式海鮮、美式快餐、日式壽司、韓式烤肉等人氣食品外,還有各種街頭的小食、高級餐廳的佳餚、傳統節日的食品,以及帶着異國情調的外國菜式。單靠講述香港常見的食物種類,甚至不足以勾勒出食物與文化在香港的關係。相反地,我們有必要了解誰食用了什麼樣的食物,以及背後的原因。雖然食物選擇背後的邏輯,顯然各有不同,因為某人的食物可能是另一個人的毒藥,但研究各種食物背後的含義還是相當重要,因為那形塑出各人的選擇。例如,我們可以看到一些食品在許多國家為大多數人所欣然接受,而某些食品則在特定情況下被拒絕。[2] 關於當代香港社會對傳統的再創造,鄭氏認為現代涼茶店的出現,以及其對懷舊感的重點強調,應該被理解為「香港身份的建設、維護和協商過程的一部分」。[3] 李氏在一項關於潮州菜在香港的

意義的研究中指出，潮州菜之所以受歡迎，是因為勤勞的潮州人的成功故事，使這個群體廣為香港公眾所接受。[4]他們接受了優化改良後的潮州美食，作為向上社會流動的隱喻。同樣，如果飲茶可以展示都市傳意怎樣在家庭和社交網絡強化，[5]那麼茶餐廳絕對是另一種獨特的餐飲模式，而這種模式乃從草根社會和文化需求中發展而來。[6]通過在香港發現的菠蘿包種類，王氏進一步展示了從被英國殖民統治至今，隨着對本地身份的認識而發展起來的族群及文化複雜性。[7]

回到學科的歷史，早期關於食物和烹飪的人類學研究主要集中在禁忌、圖騰、犧牲和共同性等問題上，闡明了文化象徵主義的方法之重點，在於食物如何反映我們對人類及其與世界的關係之理解。[8]先前關於食用規則的結構人類學研究，不僅強調了為什麼透過食物這符號可細究人類的深層結構，也提出如何辨別相應的共生性、可食用性，以及身體和空間領域的概念。[9]近年學術界擴大了對食物的研究，證明它是一種社會關係的指標，作為婚宴和其他特殊節慶贈送的禮物，[10]或種姓制度、階級和社會等級的象徵，[11]並作為一種隱喻，通過它可以辨別自我建構的機制，特別是在族群及身份方面。[12]最重要的是，在亞洲國家關於族群和身份的各種民族誌中，食物被視為人們反思自身及他人的方式之動態部分。在過去的幾十年裏，許多關於亞洲物質文化的研究均是透過食物去了解當地生產、

消費和社會認同動力的變化。[13]

　　有鑒於此，眾多學者從社會政治角度解釋外國食品的本地化。[14] 事實上，這些研究證實了 Goody 所指出的，即高級烹飪（haute / high cuisine）的出現，是在日益增長的工業化、帝國主義及跨國主義的背景下，通過日常社會品味的變化而發展起來。[15] Appadurai 的研究亦展示了飲食方式是如何改變的，以及民族美食實際上如何在殖民統治的背景下被發明。[16] 毫無疑問，在經歷重大經濟增長或政治轉型的社會裏，我們可以辨識到某種普遍的高級烹飪的形成；與此同時，我們也觀察到最近有一些當地食品以傳統烹飪技巧製作，並具備區域特色，在各種場所越見受歡迎。日本的鯨魚肉、韓國的食用狗隻，中國大陸的小龍蝦熱潮、意大利的慢食運動，以及澳洲移民家庭的家常烹飪，都是飲食實踐在抵制全球力量方面扮演各自角色的例子，以重新構建日常層面的地方以至國家認同感（local-to-national identity）。[17]

　　食品研究另一流行的關注點是地方意義（local meaning）。而在生產和消費的語境中，「地方」有多種定義。[18] 首先，從族群或歷史的角度來看，當食物被視為從傳統習俗演變而來，或作為一種家庭傳承和情感寄託時，它通常會被定義為「地方的」。其次，「地方的」也是環保選擇的標誌，例如低碳足跡、有機、季節性、無化學物質、天然、非基因改造等。最後，它還意味着一

種非商業化、個人化和涉及區域特徵的緩慢生產（slow production）。這種緩慢的生產，與大規模生產的工業及市場導向的資本主義截然不同。關於世界各城市的當地食物品項，大多數人可能會驚訝於其蔬菜、水果、蜂蜜、芝士、葡萄酒、海鮮、醃製肉類和即食麵種類之繁富。如今香港社會也存在類似情況，人們出於眾多不同原因關注本地食物，例如身份、懷舊或生活方式。[19] 因此，有必要在此說明在瞬息萬變的香港社會中，本地飲食是如何建構在文化之上。

當我們審視香港華人飲食方式的獨特之處時，可以看到飲食變化是如何反映人們社會生活的文化建構。關於華人在各種環境和情況下選擇食物的常規和傳統的經典研究當中，最流行的概念涉及冷熱二元論，即通過調節某些食物的攝入，以維持體內的平衡。此關乎食物選擇中的季節性問題，例如在秋冬保持身體溫暖的熱食，以及在春夏讓身體涼快的冷食。與此同時，人們試圖通過飲用由當地各種原生材料煮成的涼茶，以去除體內的「濕熱」。此外，還有一些與食用季節性食物相關的傳統習俗，以其可於大自然採收；例如，人們傾向於在七八月吃荔枝和龍眼等水果，九十月吃螃蟹，到了初秋則吃蛇，以及在冬季吃其他野生動物。

此外，從冷與熱、濕與乾的食物之平衡，我們可以得知飲食習慣與不同條件下人們對於身體的概念有何關係，

例如懷孕和患病休養期間的食物限制和禁忌。

假如「我們吃什麼就會變什麼」（we are what we eat）這句話是正確的，那麼下一步就該研究香港人實際如何吃、吃什麼。在這本書中，我更關注戰後飲食方式的變化，並探究傳統食品的生產和消費如何在維持一致的同時，也隨着時間的推移而產生變化，以及新款食品如何被引入香港社會，進而被本地化。除了我對於食品生產和消費的研究以外，本書的理論框架也建基於早期有關香港人社會生活，從戰後的經濟轉型以至於回歸前其自我認同形構的著作。此外，除了我近期對九七回歸後的香港社會飲食方式變化的民族誌研究外，我還將這些調查延展到人們如何在如此戲劇性的社會和政治轉型中，改變他們的消費模式和身份政治。

在第一章裏，我依據香港獨特的地理位置，介紹當地的飲食文化，為本書建構起框架。香港的東海岸有豐饒和深水的捕魚環境，而西北地區即是鹹淡水交界、珠江下游的魚米之鄉，過去都是出產四大家魚（如鯇魚、大頭魚、鯽魚等），回游的鱲魚或烏頭、草蝦／基圍蝦、蠔等水產的養殖區所在。在這一章，我將解釋養蠔業的悠久歷史，以及自 1900 年代中期以來，在原來稻田區建立的淡水漁業的興起。

第二章重點介紹戰後移民所帶來的食品，還詳細闡述了隨着戰後移民湧入而產生的相關食品供應商與消費者的

政治經濟學。我解釋了當時對工廠和建築工人不斷增長的需求，如何有助東江／客家菜館的發展；而上海飲食文化的引入，既是為了滿足新社區本身的食品消費需求，也是為了配合社會的商業發展。

第三章探討新派粵菜和國際菜系的興起，如何反映了香港文化現代且融和的方面。自 1970 年代末以來，香港社會已成功發展成為一個國際貿易和金融中心，生活水平明顯提高，而外籍人士和本地人對外國奢侈品的選擇也更多元。我探究了新派粵菜和外來日本料理的出現（作為得到當地人接受的國際菜系的一個例子），以凸顯出社會充滿活力的一面，以及年輕一代不斷變化的口味。

第四章回溯 1990 年代的懷舊美食，當時的香港人更關注香港這座城市的歷史和傳統。我透過討論傳統農村食品及家常飲食的場所，來解釋香港人如何應對回歸後社會中文化、經濟和政治的變化以至身份重塑。盆菜和私房菜這兩種飲食文化，說明了如此邊緣、農村、日常和普及的飲食文化，如何自 1990 年代後期以來，被用於喚起人們對傳統的懷緬、對過去的回憶，以及對美好時光的想像。

第五章展示了過去十年以來，人們對食物的意識如何成為一種文化遺產。2014 年，香港多種食物及食物系統被列為香港非物質文化遺產（Intangible Cultural Heritage）；而相關食物作為文化遺產的決定，一直廣受市民歡迎。在這章我重點關注農業和耕作系統中的烹飪資源、批發及零

售貿易網絡，以及家庭食譜的文獻價值，以探討香港飲食文化與文化遺產保護及推廣的關係。我之所以強調這三個案例的系統性方面，是為了表明飲食文化遺產不僅與烹飪技巧有關，更構成深植當地社會背景且超越界限的價值觀，促進了全球人類的幸福感。同樣，基於我在香港的研究，我探討了以上三個案例，以引起大家關注為保護而定義文化遺產的悖論，以及應否保留傳統飲食文化的困境。我特別談及那些為了市場利益而改變的飲食文化，往往由於失真以致聲名狼藉，儘管這很可能是許多社會所面臨的共同挑戰。

最後一章總結香港大眾生活的共餐、食物消費和幸福感的社會文化意義，以展示在這個瞬息萬變的社會中，隨着對健康、安全和政治誠信日益增長的需求，人們到底如何體驗，以及體驗了什麼。

注釋

1   Anderson, Jay, 'A Solid Sufficiency: An Ethnography of Yeoman Foodways in Stuart England', Unpublished PhD dissertation, University of Pennsylvania, 1971.

2   Martin, Diana, 'Food Restrictions in Pregnancy among Hong Kong Mothers', in David Wu, Tan Chee Beng, *Changing Chinese Foodways in Asia*, Hong Kong: The Chinese University of Hong Kong Press, 2001, pp. 97-122. Liu, Haiming, *From Canton Restaurant to Panda Express: A History of Chinese Food in the United States*, New Brunswick, NJ: Rutgers University Press, 2015.

3   Cheng, Sea Ling, 'Back to the Future: Herbal Tea Shops in Hong Kong', in Grant Evans, Maria Siumi Tam, *Hong Kong: The Anthropology of a Chinese Metropolis*, Surrey and Honolulu: Curzon and University of Hawai'i Press, 1977, pp. 70-71.

4   李偉儀：〈食物與族群：香港潮州人的飲食研究〉，香港中文大學碩士論文，1997 年。

5 Lum, Casey M. K., 'Understanding Urban Foodways and Communicative Cities: A Taste of Hong Kong's Yumcha Culture as Urban Communication', in Susan Drucker, Victoria Gallenger, Matthew Matsaganis, *The Urban Communication Reader III: Communicative Cities and Urban Communication in the 21st Century*, New York: Peter Lang, 2013, pp. 53-76.

6 Chan, Selina C., 'Tea Cafés and the Hong Kong Identity: Food Culture and Hybridity', *China Information: A Journal on Contemporary China Studies*, Vol. 33, No. 3(2019), pp. 311-328.

7 Wang, Caroline Yiqian, 'Hong Kong Identities through Food: Tracing Developments and Variations of Pineapple Buns in Modern Complexities', *Food, Culture & Society*, Vol. 25, No. 2 (2022), pp. 917-933.

8 Mintz, Sidney W., *Tasting Food, Tasting Freedom: Excursions into Eating, Culture, and the Past*, Boston: Beacon, 1996. Mintz, Sidney W., Christine M. Du Bois, 'The Anthropology of Food and Eating', *Annual Review of Anthropology*, Vol. 30(2002), pp. 99-119. Watson, James L., Melissa L. Caldwell, *The Cultural Politics of Food and Eating: A Reader*, Malden: Blackwell, 2005.

9   Lévi-Strauss, Claude, (John, Doreen Weightman, trans.), *The Raw and the Cooked,* New York: Harper and Row, 1969. Douglas, Mary, *Purity and Danger: An Analysis of the Concepts of Pollution and Taboo*, London and New York: ARK, 1966. Tambiah, Stanley J., 'Animals Are Good to Think and Good to Prohibit', *Ethnology*, Vol. 8, No. 4(1969), pp. 423-459.

10 Watson, James L., 'From the Common Pot: Feasting with Equals in Chinese Society', *Anthropos*, Vol. 82(1987), pp. 389-401. Kerner, Susanne, Cynthia Chou, Morten Warmind, *Commensality: From Everyday Food to Feast*, London and New York: Bloomsbury Academic, 2015.

11 Sahlins, Marshall D., *Culture and Practical Reason*, Chicago: University of Chicago Press, 1976. Goody, Jack, *Cooking, Cuisine and Class: A Study in Comparative Sociology*, Cambridge: Cambridge University Press, 1982. Mintz, Sidney W., *Sweetness and Power: The Place of Sugar in Modern History*, New York: Viking Penguin, 1985. Harris, Marvin, *Good to Eat: Riddles of Food and Culture*, London: Allen and Unwin, 1986.

12   Tobin, Joseph J., *Re-made in Japan: Everyday Life and Consumer Taste in a Changing Society*, New Haven, CT: Yale University Press, 1992. Ohnuki-Tierney, Emiko, *Rice as Self: Japanese Identities through Time*, Princeton: Princeton University Press, 1993. Wilk, Richard R., *Home Cooking in the Global Village: Caribbean Food from Buccaneers to Ecotourists*, Oxford and New York: Berg, 2006.

13   Wilk, Richard R., *Fast Food/Slow Food: The Cultural Economy of the Global Food System*, Lanham, MD: Altamira Press, 2006. Cheung, Sidney C. H., Tan Chee Beng, *Food and Foodways in Asia: Resource, Tradition and Cooking*, London and New York: Routledge, 2007. Klein, Jakob, 'Redefining Cantonese Cuisine in Post-Mao Guangzhou', *Bulletin of the School of Oriental and African Studies*, Vol. 70, No. 3(2007), pp. 511-537. King, Michelle, *Culinary Nationalism in Asia*, London: Bloomsbury Academic, 2019.

14   Watson, James L., *Golden Arches East: McDonald's in East Asia*, Stanford: Stanford University Press, 1997. Cwiertka, Katarzyna, Boudewijn Walraven, *Asian Food: The Global and the Local*, Richmond, Surrey: Curzon, 2000. Wu, David Y. H., Tan Chee Beng, *Changing*

Chinese Foodways in Asia, Hong Kong: The Chinese University of Hong Kong Press, 2001. Wu, David Y. H., Sidney C. H. Cheung, *The Globalization of Chinese Food*, Surrey: RoutledgeCurzon, 2002.

15   Goody, Jack, *Cooking, Cuisine and Class: A Study in Comparative Sociology*, Cambridge: Cambridge University Press, 1982.

16   Appadurai, Arjun, 'How to Make a National Cuisine: Cookbooks in Contemporary India', *Comparative Study of Society and History*, Vol. 30, No. 1(1988), pp. 3-24.

17   Duruz, Jean, 'Home Cooking, Nostalgia, and the Purchase of Tradition', *Traditional Dwellings and Settlements Review*, Vol. 12, No. 2(2001), pp. 21-32. Leitch, Alison, 'Slow Food and the Politics of Pork Fat: Italian Food and European Identity', *Ethnos*, Vol. 68, No. 4(2003), pp. 427-462. Cheung, Sidney C. H., 'From Cajun Crayfish to Spicy Little Lobster: A Tale of Local Culinary Politics in a Third-Tier City in China', in James Farrer, *Globalization and Asian Cuisines: Transnational Networks and Contact Zones*, New York: Palgrave Mac Millan, 2015, pp. 209-228. Akamine, 'Tastes for Blubber: Diversity and Locality of Whale Meat Foodways in Japan',

Asian Education and Development Studies, Vol. 10, No. 1(2021), pp. 105-114.

18 Cheung, Sidney C. H., 'Floating Mountain in Pearl River: A Study of Oyster Cultivation and Food Heritage in Hong Kong', *Asian Education and Development Studies*, Vol. 8, No. 4(2019), pp. 433-442. Ho, Hao-Tzu, 'Cosmopolitan Locavorism: Global Local Food Move- ments in Postcolonial Hong Kong', *Food, Culture & Society*, Vol. 23, No. 2(2020), pp. 137-154.

19 Ho, Hao-Tzu, 'Cosmopolitan Locavorism: Global Local-Food Move- ments in Postcolonial Hong Kong', *Food, Culture & Society*, Vol. 23, No. 2(2020), pp. 137-154.

Chapter 1

本地食品生產

　　要了解本地食品生產與香港傳統飲食方式如何相輔相成，就必須留意香港的生態特徵和地理位置。法語中「風土」（terroir）一詞所指的，通常是完全天然的環境；在特定的土壤、地形和氣候下，會生產出特定的葡萄酒。儘管法國和香港的情況可能有所不同，但在談論本地食品時，我們可參考這種概念，特別是在關乎生產和消費的某些時刻。

　　晚清時期香港屬於廣東省新安縣的一部分，惟十九世紀中葉時被英國殖民統治。第一次鴉片戰爭（1839-1842）後，香港島根據《南京條約》於 1842 年割讓予英國。第二次鴉片戰爭（1856-1860）後，九龍於 1860 年割讓予英國。到了 1898 年，清政府將新界租借給英國政府，為期 99年。新界有四大主要族群，在 1898 年英國人接管以前，他們的祖先已經定居在那裏，並被視為新界的原居民，即「本地」、「客家／本地客家」、「蜑家」及「鶴佬」。本地人和客家人在新界不同地區都有他們的村落定居點；而蜑家人和鶴佬人則被認定為船民（「水上人」），儘管他們當中大部分人現已在岸上生活。

　　地理上，香港位於西面珠江口下游流域，東面與深海相連，既坐擁豐富的自然資源，又有悠久的耕作傳統。幾個世紀前，在當地世代從事捕魚的蜑家人和鶴佬人的努力下，香港社會得以享受充足的魚類供應，而這些魚類都是在周邊近岸地區捕獲的；即使到了今天，從中國內地和

東南亞入口的魚類比例也相當高。香港的地理位置，使得不論從南、北入口貨物都頗為便利（中文通常稱為「南北行」），也因此成為乾貨的國際貿易樞紐。除了生態和地理特徵外，香港也是一個著名的移民城市。移民所引進的食品種類繁多，無論其目的是作為他們自己日常生活的必需品，還是為了創造收入。導致以上相關現象的，不僅限於1949年中國政權更迭所帶來的大量難民，也包括清初客家人的到來。在探討飲食如何傳承並被引入社會之前，我希望先檢視因香港的特殊地理位置而帶來的食材 —— 蠔的食用實踐。

　　食用蠔類在香港以至華南地區均具有趣的文化意義；蠔豉（蠔乾）不僅是一種季節性（冬季）美食，更是農曆新年的賀年食品，在農曆大年初一等傳統節日及本地道教活動（如長洲太平清醮）中扮演着非同尋常的角色。齋戒

蠔

進行時禁止殺生，但蠔卻被奇怪地歸類為蔬菜，傳說中也有蠔從「種子」生長出來的解釋，以及佛陀在飢餓時吃蠔的說法，因此牠被接受為齋戒時可以進用的食物。至於日常使用及消費，蠔油乃一種廣為人知的調味品，廣泛用於粵菜烹飪，並已發展成為全國以至全球的知名品牌。另一種重要的本地產品是金蠔，也就是一種用糖或糖漿炒製而成的半乾蠔。人們一般認為它是只於 12 月至 1 月期間供應的本地時令美食。我想強調的是，生蠔養殖在珠江口有着悠久的歷史，是非常依賴沿海自然資源的主要傳統水產養殖方式之一。因此除了數個世紀以來沿海社區傳承的農業知識外，生蠔養殖還植根於社會各持份者的長期社會經濟關係之中。

如今我們消費的許多日常食材實際上都來自全球各地，而生蠔養殖卻具有很強的本地根源，原因在於養殖過程所需的鹽度、溫度及氣候都有獨特的要求。生蠔養殖在世界各地均擁有悠久的歷史，相關社區為確保長期、可持續的沿海資源管理，在品質及數量控制方面擁有豐富經驗，同時高度重視相關沿海社區在保護及促進農業傳統方面的責任。

對水產養殖背景的簡要概述，將有助我們對蠔作為一種作物的理解。蠔是一種雙殼類軟體動物，擁有堅硬的外殼，並會隨着其生長而變大。它屬於 Ostereidae 家族，共有三個屬：Ostrea、Crassostrea 和 Pyncnodonta。歐洲扁殼

蠔（Ostrea edulis）和太平洋蠔（Crassostrea gigas），是日本和中國北部沿海地區養殖的主要品種。在香港，流浮山（字面意思是漂浮的山）養殖的兩個物種，其中之一是白蠔（Crassostrea hongkongensis），是在它命名的地區所發現的獨特物種；另一種則是赤蠔（Crassostrea ariakensis），以顏色作區分。

蠔類賴以生長的一些基本條件，例如不同物種所需的溫度、鹽度（5-30 ppt）和水質，以及養殖方法、生長週期、餵養系統及收成後的淨化，都是對生蠔養殖有用的資訊。然而，即使是同一種蠔，它的生長環境會對品質有很大的影響，包括當中所涉及的設置和處理。關於早期香港的蠔產業，Morton 等把香港西北面和珠江口本地生蠔養殖的生態特徵解釋為：

> 夏季溫暖潮濕的東南季候風，為華南地區帶來強降雨，增加珠江、深圳河、元朗溪及其他小溪流入海灣的流量。冬季時清涼的鹽水及夏季溫暖的近乎淡水的條件，特別適合太平洋生蠔養殖。[1]

關於珠江三角洲地區食用生蠔的歷史，考古學家根據相關蠔殼層，發現了華南地區吃蠔已有三千多年的證據。同樣，也有北宋的文獻證實了珠江的生蠔養殖活動存在於大約一千年前的珠江流域。蠔除了是當時人們食用的其中一種主要動物蛋白質，在人類生活方式的各個方面亦

扮演着重要角色。例如，貝殼被用於中藥，到了清代更被廣泛用作建築材料。關於該地區的大規模生蠔養殖，有一個與當地人如何發現這種技術相關的傳說。由於蠔只能生長在當地堅硬的岩石表面和罐瓦陶片上，[2] 我被告知本地人過去經常在苗期把石頭扔到泥灘上，以使蠔的幼體（一般被稱為蠔苗）容易找到堅實依附物進行蛻變和成長。儘管人們也會購入蠔苗進行養殖，但這種傳統方式一直沿用至今。

　　自北宋以來，珠江的生蠔養殖就開始在今天廣州所在的地區進行。[3] 然而，正是由於三角洲沿岸地區的過度開發，導致雨季所收集的大量淡水直接流入盆地，結果多年來上游盆地的鹽度越來越低。換言之，海水和河水的交界處逐漸向南方及下游盆地推移，使得生蠔養殖於宋明時期從廣州東莞南移到今天深圳的沙井，而到清末開始活躍於現今元朗流浮山一帶。當然昔日澳門也是生蠔養殖的重要地點。

　　流浮山的生蠔養殖可追溯到 200 多年前，是香港和深圳之間的重要跨境產業，而這兩個地區均位於珠江下游流域。過去，蠔苗在流浮山自然採集和飼養，而成熟的蠔在收成前會轉移到深圳沙井育肥數月，因為雨季時收集的雨水會流入珠江三角洲下游流域，為最後養殖階段提供低鹽度環境，以迎接農曆新年的消費旺季。然而，由於香港與內地的政治關係，加上 1950 年代邊境受到嚴格控制，香

港的生蠔養殖者於是改為在本地境內自行進行所有操作程序，如採集蠔苗、飼養和育肥。自 1960 年代後期以來，在內后海灣發現了農業污染（由養豬業排放的動物糞便引起），因此很多人都不願意食用該地區出產的蠔。到了 1980 年代，為了消除該地區的這種污染，引入了日本（廣島）式浮排代替傳統在沿海泥灘地區進行養殖的方法。在 2018 年，流浮山的一些主要生蠔養殖戶告訴我，他們將在政府的財政支援及大學研究人員的技術建議下，安裝一個新系統。他們希望透過新系統，向市民展示食用本地蠔的安全性，令消費者重拾信心。

香港東北沿海因其生態優勢，擁有悠久的商業水產養殖歷史。然而，自 1960 年代以來，由於農業和工業污染、基礎建設發展、本地社區高齡化，以及過去幾十年內地經濟改革帶來的市場競爭等多種因素，它一直面臨着未可估量的威脅。與此同時，當地居民一直在努力應對這些困難，包括高齡化、對入口蠔的價格承受能力、颱風和污染，他們維護本地傳統行業的經驗不容忽視，因為類似的挑戰和災難確實發生在許多其他國家。雖然沿海社區研究的意義範圍很廣，但只有有限的研究可助了解沿海漁業／蠔產業與社區發展的關係，特別是關於本地技術和知識如何傳承，以及幾十年來所經歷的社會經濟影響。[4]

最近，年輕一代的生蠔養殖戶積極參與了各種蠔類生產保護活動。為了重建本地流浮山生蠔的聲譽，我親眼

目睹了有關當地生蠔養殖的非政府組織成立，以執行推廣流浮山歷史和生態的使命。至於與食物安全及銷售策略相關的技術問題，我亦觀察到本地蠔戶正與相關政府單位合作，為流浮山養殖的鮮蠔安裝新的控菌淨化系統。他們還參加了當地的漁農嘉年華，向公眾推廣他們的蠔，以及其他農業和水產養殖產品。據我觀察，他們於 2017 年開始參加該活動，而其產品在當地居民當中很受歡迎，很多人甚至在到訪這個地方之前，就已經知道流浮山的名聲。當地農民的目標是推廣該地區的生蠔，但人們對污染的擔憂，一直是推廣以本地蠔豉和鮮蠔烹調（例如酥炸生蠔）的主要障礙。由於香港人對養蠔和食用蠔作為其文化遺產有着強烈的意識，食物安全與文化遺產之間的兩難情況將持續一段時間。因為生蠔養殖與周邊環境密切相關，要重新思考流浮山沿海社區的脆弱性和復原能力，是頗具挑戰性的。

除了作為時令食物的蠔外，香港昔日全年生產的食品還有魚類和稻米。事實上，「魚米之鄉」一詞，一直被用以描述珠江三角洲地區豐富的糧食生產系統。因為香港人日常飲食常見的材料中，淡水魚的消費量很大，尤其是在有老年成員的家庭。這些菜式包括薑蔥蒸（鯇魚）魚腩、子薑豉汁蒸（鱅魚）魚頭、煎魚餅、煎釀三寶（以絞碎的鯪魚肉釀進甜椒、茄子或豆腐）、魚湯及不同種類的魚片粥。因此，我們需要知道這些淡水魚是如何，以及何時在西北面以及香港內后海灣養殖的。

煎釀三寶

從歷史上看，在內后海灣有傳統和本地宗族的聚落，可以追溯到 800 年前，而相關的農業（水稻種植）實踐應該已經持續了幾百年。上世紀初，除了內陸農業地區外，天水圍也發生了沿海濕地轉為農業用地的重大改變，經歷了泥灘、稻田、蘆葦田、蝦塘和魚塘等不同階段。農業並非當代香港社會的主要產業，但並非意味着我們不應探究其經濟貢獻。由於漁業的歷史反映了香港的社會發展和文化變遷，因此盡力全面了解漁業的今昔相當重要。香港西北部沿海發展經歷了各種變化，魚塘養殖的興起和商業發展始於 1920 年代，並一直持續到 1950 年代，而當時人口和食品需求均呈迅速增長。如大片農田被改建成魚塘，這種情況一直持續到 1970 年代。

在香港，超過 90% 的淡水養魚場從事混養（例如烏頭、鱅魚［大頭魚］、鯿魚、鯉魚、鯪魚、福壽魚/非洲鯽魚、生魚/斑鱧）。在傳統的魚塘裏，鯪魚和烏頭通常生活在上層區域，因為牠們喜歡覓食並漂浮在水面附近。鱅魚、鯿魚和福壽魚則喜歡停留在中間區域；而在下層區域，會在魚塘中繁殖鯉魚和生魚，這兩種肉食性魚類都用於控制福壽魚及其他經濟價值較低之魚類的數量。混養系統作為淡水魚類養殖的傳統模式被採用，其技術是從順德和中山等珠江口其他地區繼承所得。在香港，商業化魚類養殖的歷史從 1920 年代開始，已有大約 100 年的歷史。隨着時間的推移，沼澤區魚類養殖的規模和結構也一直在變化。在 1950 年代之前，養魚戶與市場之間的關係毫無疑問是相當簡單而直接的。

從技術上而言，將泥灘改建為稻田或魚塘進行各種農業和水產養殖都相當常見，在香港西北部也不例外。農業在該地區有着悠久的歷史，由於環境條件和亞熱帶氣候，一年共可收成兩種作物，聚落開始發展起來。然而，傳統的淡水漁業可追溯至 1920 年代，當時大部分農田都是稻田，其中包括淡水種植的白米，以及在鹹淡水交界種植的紅米。在淡水魚養殖商業化以前，魚塘起源於當地許多村落的風水池，其中飼養的魚成長後會被捕撈，以供宗族成員之間分享。宗族是指認同自己具有相同血統，並生活在同一村落的人，村中設有一個共同的祠堂用於祭祀，這在

華南地區的大多數傳統聚落當中相當常見。1940年代之前的鹹淡水魚塘面積很小，到了1940年，魚塘土地約有100公頃。[5] 自1940年代中期開始，內后海灣成為養殖蝦、烏頭、生魚和其他淡水魚的主要地點，它一直是本地消費的淡水魚之主要來源。

由於缺乏書面文獻和正式檔案館藏資料，我的田野研究由訪談開始，以考察人們對該地區淡水魚養殖起源的認識。與其出售或交換收成，他們認為不如捕獲長大了的魚，並在宗族成員之間分享。另外，據知元朗及新界西北部的淡水魚塘於1920年代開始商業化，特別是在山貝村、橫洲、南生圍和天水圍等地區。我將在以下部分詳細闡述這一點。

山貝村是一條原居民的單姓村落，位於元朗舊墟附近，由林氏家族擁有。村落被魚塘環繞，正如馮氏所描述：「塘魚養殖在1930年代開始在山貝村流行起來。雨水稀釋了塘內水的鹽度，因此可以養殖不同種類的魚類。再後來，大利公司等魚類苗圃在元朗出現，使該地區成為香港的魚類生產中心。」[6] 雖然部分魚塘已不再使用，並已填海作住宅用途，但山貝村在1930年代發展淡水魚類養殖和貿易方面確實發揮了重要作用。從我在田野研究收集的資料來看，山貝林氏之所以重要，不僅因為他們有魚塘土地可供耕種，還因為他們在戰後促進魚塘養殖方面扮演了重要角色。

　　如今，林氏家族不再從事漁業活動，大部分成員已移居村外以至海外。為了了解該地區的淡水養殖史，我從中文新聞檔案中收集了一些資訊。例如，據 1958 年 9 月 20 日《華僑日報》關於南邊圍情況的報導，當地魚塘是錦田鄧氏的祖傳財產，較早期的租戶實際上是山貝林氏。

　　另一個重要地點是橫洲，它也是香港淡水魚養殖的發源地之一。大利公司的擁有者是何先生，他並非本地人，而是橫洲居民。魚塘的興建被認為是該公司淡水魚養殖業務的開端。正如孫氏所言：「1930 年，大利公司花費超過 120,000 元於建造 13 個魚塘，佔地 300 畝。[7] 元朗最大的池塘（約 62 畝）即屬於該公司。」[8] 根據這些早期的研究，魚塘的一半位於橫洲，另一半位於錦田，這是一個歷史最悠久、且歷經多代的宗族聚居地之一。至於南生圍的魚塘，楊氏指出：「養魚場建於 1927 年左右。在變成養魚場之前，該地區作為沼澤地對農業價值不大，因為那裏的微鹹性土壤不適合大多數農作物或植物。」[9]

　　根據林氏於 1940 年發表的文章，在該行業的早期發展中，有五個大型養魚集團：「每個面積為 100-500 公頃，或 20-100 英畝，建於后海灣南部邊界靠近元朗墟的低地沼澤裏。與鹽田和稻田一樣，它們被高堤圍起來，以防止漲潮、雷暴或暴雨。」[10] 林氏並補充道：

　　據估計，元朗區六個養魚場所擁有的池塘總數，約為 **1,300** 畝或 **260** 英畝，其中 **300** 畝屬於大利，**500** 畝屬於潘有，**100** 畝屬於南生，還有 **200** 畝屬於萬豐盛。如將其他小型孤塘計算在內，新界可能總共有 **1,500-1,800** 畝魚塘。目前，潘有魚塘擁有的 **500** 畝當中，只有 **30** 畝實際用於養魚；其餘的雖然已經完工，但尚未開始放養。[11]

　　根據林氏所提到的資訊，1940 年共有 2,800-3,100 畝（約 500 英畝或 200 公頃）的魚塘用地。[12] 除了部分由氏族擁有的魚塘是供其成員自用而非為了出售，商業養殖的魚類基本上都是供應當地顧客。林氏續指：

　　　　元朗人將烏頭視為最美味的魚類，當地池塘產量很大一部分用於滿足當地市場的需求。除非香港的烏頭價格遠高於元朗，否則本地生產的烏頭很少會被送到前者出售。其他塘魚也大多由新界本地人食用。[13]

　　必須強調的是，魚苗出口並不是在第二次世界大戰後才開始的，正如林氏所指出：

　　　　元朗有一位魚苗轉銷商，他擁有約十個池塘，專門用於魚苗養殖。1939 年，在五畝大的池塘，他飼養了大約 **10,000,000** 條魚苗，養殖期為一個半月，並取得了成功。其中許多魚苗隨後出口到爪哇、馬來亞和泰國。大規模的魚塘養殖可能始於第二次世界大戰之後，當時對魚類的需

求不斷增加，同時魚塘養殖面積也迅速增加。[14]

根據 Grant 的報告，1958-1968 年間的魚塘面積從 500 英畝增加到 2,000 英畝。[15] 另外，馮氏指出：「在 1954-1955 年期間，當中國內地政府限制向香港出口任何種類的魚苗時，曾試圖在新界魚塘放養虱目魚而非鯇魚。」[16] 因此，擴大本地養殖以填補魚類入口的短缺，可能是這一時期魚塘面積迅速增加的原因之一。

在 1950-1970 年代之間，漁業發生了一些重要變化。例如，1950 年引入了魚類拍賣制度，香港新界養魚協會（HKNTFCA）於 1955 年成立。在這 20 年內香港人口不斷增長，對魚類的需求不斷增加，魚苗一直出口到 1970 年代後期，而直到 1990 年代初，養鴨業也開始在魚塘地區出現。正如黎氏與林氏所述：

> 從 1960-1980 年代初，由於香港人口激增，該行業擴張迅速。在這個該行的黃金時代，本地生產佔本地淡水食用魚總消費量的 10%-16%。然而，自 1985 年以來，它開始經歷一個漫長的衰退時期。為了郊區化把魚塘恢復為農地，生產成本上升，以及中國內地大量廉價替代品的供應，正威脅着當地塘魚養殖產業的生存。自 1980 年代中期以來，用於淡水食用魚養殖的魚塘土地面積，以及當地魚類總產量均持續下降。[17]

另一方面，漁農自然護理署（漁護署）表示，他們入口了新魚種，以助本地養魚戶與中國內地入口的低價魚類競爭。然而，本地市場對這些品種的需求不足，而且大部分本地供應魚類僅限於烏頭、鯇魚、福壽魚及大頭魚。在過去的幾十年間，為了增加養魚收入，淡水魚養殖戶也會養些受歡迎的海魚、高級魚種及新入口品種。漁護署於1987-1988年入口海鱸到香港；2000-2001年有虱目魚、澳洲寶石（鱸）魚、丁桂魚（Tinca tinca）；2002-2003年有鮰魚；2004-2005年有銀花鱸魚和睡鱈。縱然如此，加強當地混養的創新有限，而唯一相關的人工繁殖技術是1968-1975年引入的，主要用於鯇魚和大頭魚。

為了強調香港在淡水魚養殖開始前所發生的變化，我想以天水圍為例來說明相關的轉變。目前，天水圍是元朗人口最稠密的新市鎮之一。在被改造成商業魚塘之前，大約有450公頃的溪流篩分池和稻田；時至今日，這個地區僅以其現代住宅外觀而聞名。天水圍的歷史相當有趣，儘管關於它從泥灘發展到住宅區的數據並不多。根據 Da Silva 所言，填海反映了英國殖民統治的城市一些特殊的社會政治背景：

> 1911年，清朝政府垮台，中國成為了共和國。在共和國成立後的動盪過後，大量富有家庭到了相對穩定的英屬香港尋求庇護。香港政府看到了趙氏兄弟提出的填海工程

計劃書，可帶來進一步削弱鄧氏宗族勢力的機會，尤其是在厦村一帶。香港當局於是同意趙氏兄弟的這個計劃。聯德公司於 1916 年與香港政府草擬了一項協議：政府僅以象徵式的租金，將 490.5 公頃厦村灣土地批租給該公司。[18]

換言之，就是將位於屏山的天水圍土地撥歸聯德漁場的創始人台山趙氏家族，而非幾個世紀前就已定居該地的屏山鄧氏家族。根據我早前跟一位曾在該漁場從事租賃管理工作的退休員工的訪談，其中包括在上游水道種植白米（僅為淡水），並在接近海岸的區域種植紅米（一種在低鹽度田地栽植的水稻）。該漁場於 1910 年代被開發為稻田。在種植紅米的水閘控制中，引入並捕捉魚苗和蝦苗，同時透過海水流動以保持紅米田的鹽度。隨着紅米產量的下降，紅米田變成了養蝦場，後者大多在 1970 年代被改建為魚塘。Potter 提到另一個從稻田到菜田的重大變化，並展示了在香港工業發展的背景下，宗族系統與糧食生產之間的重要聯繫。[19]

對於元朗平原的發展，了解天水圍上下區白米與紅米結合的稻田機制相當重要。處於鹹淡水交界的閘控池塘，在當地被稱為「基圍」，建造的目的是為了收集從上層流下來的河水，但因為紅米種植需要適量海水，所以在引進海水時幼魚和幼蝦就一起被引入紅米田，成為早期基圍的副產品。由於養蝦者不需要餵養這些來自紅樹林的幼蝦，

因此營運成本非常低，後來也為蝦民帶來很好的收益。在訪問一些退休養蝦戶的時候，我被告知他們並不需做太多工作，只需通過操作水閘來控制水質，投放的工作時間不多。在這種自然的養殖方式下，基圍的體積龐大，而裏面所飼養的蝦，則保持甚低密度。這種操作基本上取決於海岸上蝦苗的供應情況。這些蝦苗是在潮漲時被帶入基圍（基圍裏的水位較低），隨後被保存和餵養約九個月，直到牠們長大到可以收成為止。養殖者在傍晚蝦從底部上來時收成，到潮退時（或當內部水位高於外部時）排乾基圍裏的水；這樣，蝦就會被困在設置於閘道的網中。由於這些蝦生長在基圍，香港人將之稱為「基圍蝦」，以示牠們在鹹淡水交界生長。除了使用基圍外，養殖操作亦非常自然。然而，受訪者告訴我，他們過去會降低閘門外紅樹林的密度，以便讓蝦苗順利流入基圍。

考慮到天水圍地方宗族之間的密切關係及土地用途的變化，在上世紀初英國政府預料會受到地方宗族的抵制，並認為新界需要長期穩定的行政管理。因此，在英國接管後不久，為了削弱當地村落之間可能存在的聯盟，政府引入了外來者，並在屏山地區開設了一間警署。[20] 如今我們已再看不到天水圍出產稻米、蝦及魚產品。南面主要是住宅區，而北面則是香港濕地公園，自 2006 年開業以來一直廣受歡迎。與沼澤地相關的糧食種植歷史不容忽視，因為當時的耕作和栽培乃本地糧食的重要原型。香港西北地

區以蠔、水稻和淡水魚養殖為主，且由這些例子可見本地食品生產與香港社會政治變化，以至與華南地區在貿易關係、物流、基礎建設方面的複雜關係，或許還有最近關於大灣區整體未來發展的討論，彼此之間完全交織在一起。

這一下子把我們帶到關於當前語境的簡要概述。自二十一世紀初以來，有機農業及魚菜共生（aquaponics）變得越來越流行。目前，也有越來越多人願意購買這些產品，即使它們比其他以傳統方法養殖的同類產品來得昂貴。在過去的十年間，本地食品生產的新時代展開了；因着其對我們社會在食品安全方面的貢獻，越來越多人投身於本地農業。因此，我們可能不得不承認，作為本地食物生產所供應的現有產品，在糧食安全方面已經失去了滿足人們需求的這個作用。然而，提高人們的食品安全知識所發揮的新作用，比起過去任何時候都更形重要。

在第二章中，我將探討為香港帶來新飲食習慣的移民，特別是戰後時期的一群，以及在這個急速變化的城市裏的飲食文化活力。

注釋

1 Morton, Brian, P. S. Wong, 'The Pacific Oyster Industry in Hong Kong', *Journal of the Hong Kong Branch of the Royal Asiatic Society*, Vol. 15(1975), p. 141.

2 正如當地一位蠔民所言：「傳說中某個端午節，一艘裝滿陶瓷的船在暴風雨中擱淺在沙堤上。為了挽救那艘船，船員們逼不得已把瓷器和陶器都扔進海裏。幾年後，有另一艘船擱淺在同一道沙堤上。當人們下水，準備要推船的時候，他們在海床上發現了一些奇怪的東西 —— 蠔粘附並生長在陶瓷上。這就是本地人如何發現蠔，並得知可以怎樣大規模養殖的故事。」引述自 Lee, Miriam, Sidney C. H. Cheung, 'The World Is Your Oyster', *Hong Kong Discovery*, Vol. 98(2017), p. 17。

3 郭培源、程建：《千年傳奇沙井蠔》，北京：海潮出版社，2006 年。

4 Morton, Brian, P. S. Wong, 'The Pacific Oyster Industry in Hong Kong', *Journal of the Hong Kong Branch of the Royal Asiatic Society*, Vol. 15(1975), p. 141.

5 Lin, S. Y., 'Fish Culture in Ponds in the New Territories of Hong Kong', *Journal of the Hong*

Kong Fisheries Research Station, Vol. 1(1940), pp. 161-193.

6 Fung, Chi Ming, *Yuen Long Historical Relics and Monuments*, Hong Kong: Yuen Long District Board, 1996, p. 62.

7 「畝」依據普通話發音的英譯是「mu」，依據粵音則為「mow」。一畝等於 0.0667 公頃或 0.1667 英畝。

8 Suen, C. S., 'Fish Ponds in Un Long', Unpublished thesis, University of Hong Kong, 1955, p. 4.

9 Yeung, W. W. H., 'Pond-Fish Culture in Brackish Water Ponds of Deep Bay Area with Nam Shan Wai as an Example', Unpublished BA thesis, University of Hong Kong, 1968, p. 10.

10 Lin, S. Y., 'Fish Culture in Ponds in the New Territories of Hong Kong', *Journal of the Hong Kong Fisheries Research Station*, Vol. 1(1940), p. 165.

11 Ibid, p. 169.

12 林氏的算法乃 1 畝 = 0.2 英畝；然而，更準確的比例應為 1 畝 = 0.1667 英畝。

13 Lin, S. Y., 'Fish Culture in Ponds in the New Territories of Hong Kong', *Journal of the Hong*

Kong Fisheries Research Station, Vol. 1(1940), p. 188.

14　Ibid, p. 176.

15　Grant, C. J., 'Fish Farming in Hong Kong', in D. J. Dwyer, The Changing Face of Hong Kong, Hong Kong: Hong Kong Branch of the Royal Asiatic Society, 1971, p. 36.

16　Fung, Emily W. Y., 'Pond Fish Culture in the New Territories of Hong Kong', Unpublished BA thesis, University of Hong Kong, 1963, p. 78.

17　Lai, L. W. C., Lam K. K. H., 'The Evolution and Future of Pond and Marine Fish Culture in Hong Kong', Aquaculture Economics & Management, Vol. 3, No. 3(1999), p. 257.

18　Da Silva, Armando, 'Native Management of Coastal Wetlands in Hong Kong: A Case Study of Wetland Change at Tin Shui Wai Agricultural Lot, New Territories', Unpublished PhD dissertation, University of Hawai'i, 1977, pp. 50-52.

19　Potter, Jack M., Capitalism and the Chinese Peasant: Social and Economic Change in a Hong Kong Village, Oakland: University of California Press, 1968.

20 Cheung, Sidney C. H., 'Remembering through Space: The Politics of Heritage in Hong Kong', *International Journal of Heritage Studies*, Vol. 9, No. 1(2003), pp. 7-26.

Chapter 2

戰後移民飲食
的到來

香港是一個移民社會，儘管其人口大部分都說粵語這種在華南地區幾個省份都使用的南方方言。在過去的 80 年裏，由於經濟增長，以及與內地在政治關係上的改變，香港經歷了巨大的人口變化。由於 1945-1947 年及 1949-1952 年的兩次大規模的戰後移民浪潮，香港的人口從 1945 年的 600,000 人，增長至 1954 年的 2,340,000 人。這些移民包括此前逃離日佔時期「三年零八個月」的香港居民，以及 1949 年共產主義革命後離開內地的人士。除了勞動力增加外，後者還帶來了資本、技能和城市視野，從而提供了滿足當時香港經濟體系所需的人力資本。然而，寮屋區的外來人口超乎負荷，造成容易受災的環境，導致 1953 年 12 月 25 日聖誕節石硤尾大火，亦加速了香港公營房屋的長期發展。最終，隨着新房屋政策的實施，為大多數勞工階層提供了穩定生活，造就了大量低成本勞動力之餘，更有助香港輕工業的發展。[1] 在外來移民帶來的眾多職業技能當中，應用於餐館工作可能是最常見的選擇之一，因為它提供了穩定的收入，而外來僱員亦逐漸適應了新環境。

要解決過去 70 年以來所有到港的廣東人和非廣東人移民問題是不可能的。縱然如此，觀察他們為了自身利益或消費和商業目的所帶來的多元飲食文化，如何成為本地文化當中的食物景觀，確實是饒有意義。我的研究主要集中在兩個群體——客家人和上海人。兩者在塑造本地飲食習慣的方式迥異。在深入探討這兩個群體的貢獻之前，我想

重點介紹一下山東廚師，他們的確為香港社會帶來了一些特別的東西。

　　眾所周知，中國飲食文化由地方食材和烹飪技巧組成，當中頗為複雜，包括一個不僅繼承了過去、且由不同時代的社會政治變化所決定的知識體系。儘管南北食材和烹飪技巧存在相當大的差異，但透過內部遷移和食材及烹飪技巧的引入，不同地區的菜系之間也有好些共通點。因此，不同菜系在持續變化的口味和呈現風格方面，各有自己的發展進程。中國菜一般可分為四大菜系：東面的淮揚菜、南面的粵菜、西面的川菜、北面的魯菜；也有八大菜系或十大菜系等分類的說法。以烹飪技巧聞名的北方菜系以早期的山東（魯）菜為代表，其影響及至宮廷菜及後來的京菜。然而，在香港，山東社區當年規模很小，而山東菜在本地廣東居民當中也並不流行。不過，除了本地關注以外，京菜還吸引了在 1950 年代後可能無法前往中國內地的來港海外遊客。

　　因此，在很多知名的京菜館，如鹿鳴春、美利堅、樂宮樓、仙宮樓、松竹樓、泰豐廔、[2] 北京酒家等，都聘請了山東廚師在遊客面前烹製北京烤鴨和新鮮手工麵條等菜式。有趣的是，除了北京烤鴨和炸魚等典型北京菜外，山東烤雞、山東大包和拔絲香蕉／番薯／蓮子等品項，仍是本地人對這些餐廳的美好回憶。

　　根據我與銅鑼灣松竹樓京菜館老闆的訪談，山東廚師

北京烤鴨

起初到港時，是為 1950 年代南來的銀行家烹調西餐，到了 1960 年代才開始自己的京菜生涯。這就解釋了為何那些在京菜館工作的山東廚師，在供應餐點予當時到訪香港的美國或歐洲遊客方面扮演了重要角色。這些餐廳現在大多已經結業，而來自山東的京菜廚師也已經很難找到。如今，有更多受過本地培訓的京菜廚師在非粵菜餐廳工作。與京菜館的變化形成鮮明對比的是客家餐館，從另一角度展現了戰後香港社會變化和經濟發展。

　　Anderson 和 Simoons 在對中國飲食的研究中指出，與其他地區菜相比，客家食物簡單、直接、準備充分，且沒有具異國情調或昂貴的食材。[3] 客家菜在廣東省東江沿岸發展起來，在第二次世界大戰後不久開始在香港流行起來。

它在 1950-1970 年代發展成為一種具有代表性的菜系，並在過去幾十年歷經艱辛。客家餐館在香港起源於 1940 年代末至 1950 年代初的石硤尾，當時許多客家人移居香港，並居住在當地寮屋區。在此期間，石硤尾寮屋區由四條村所組成：石硤尾村、白田村、窩仔村和大埔道村，最初都是農業社區。隨着 1949 年後中國內地難民的湧入，到 1950 年代初，約有 60,000 人在該地區生活和工作，有家庭式山寨工廠生產橡膠鞋、玩具、電筒、肥皂及其他商品。當地的客家菜館，都是從廣東省興寧移居香港的客家人所開設的。那麼，為什麼他們都來自同一個地區呢？他們是否比其他地區的客家人更會做菜？我認為答案不在於他們的烹飪技能，而是在於他們當時的求職方式。當年求職需要有人推薦。對於沒有正式資格的人士來說，同鄉提供了重要的擔保。因此，那時候某些工種往往具有地域性。客家菜館就是其中之一。

在 1990 年代中期，我訪問了幾位在 1960-1970 年代在不同客家菜館工作的客家廚師。他們告訴我，他們所製作的客家菜大多是小食，包括炸大腸、豆腐和牛肉丸 —— 雖然這些菜式不同於現今的客家菜。客家人在 1940 年代末開設的客家菜館，一直營業到 1953 年石硤尾大火之前。在接着的幾十年間，客家菜館廣開到不同地區，而這發展開啟了香港人飲食文化史的新篇章。重點是要思考大火發生後香港生活方式的相應變化。從歷史的角度看來，石硤尾大

火乃香港公營房屋項目發展的催化劑。1953 年的平安夜，共有 53,000 人在石硤尾大火中失去了家園。其後的安置工作促成了香港永久性多層公營房屋制度的發展。大火發生的 12 個月後，石硤尾公共屋邨落成。這是香港首個公共屋邨，共有八幢七層高的 H 形大廈。住屋和隨之而來的長期房屋政策，對家庭結構、生活環境、就業機會和生活方式產生了直接影響。主要是因為那場大火，客家菜館開設到香港不同地區，其中知名的有醉瓊樓、泉章居、粵都、梅江等。

從烹飪的角度看來，我認為客家菜之所以在香港備受歡迎，原因有二。首先，客家菜式與米飯一起進用，而米飯是華南地區的主糧。因此，客家菜因其與粵菜的相似性，很容易被接受。其次，客家菜在口味、食材和烹飪技巧上，與廣東家庭的家常菜式差異頗大。在從普通食物到高級美食的轉變中，當時客家菜的主要特徵包括鮮味（如沙薑粉、梅菜、紅麴酒糟和鹹魚）的異國情調，以及使用昂貴食材（如雞肉、豬肉、牛骨〔脊〕髓和牛肉丸）。[4] 大量肉類的使用，使之成為動物蛋白的上佳來源，有助於為 1950 年代後期蓬勃發展的輕工業工人提供能量。因此，我相信客家菜之所以受歡迎，是因為它濃郁的鹹味和肉類比例，這對於從 1950 年代後期到 1970 年代日趨增長的高能量工作相當重要。這也解釋了為什麼雞肉、豬肉和牛肉丸，在 1950 年代成為客家菜的熱門菜式。

然而，對於香港的客家菜的討論，不應該單單圍繞在其真實性或原創性。相反地，它也應該被理解為在特定社會背景下被選擇的菜系。當時，典型的家庭飲食主要由魚類和蔬菜所組成。客家菜館是滿足肉類和動物蛋白需求的地方，並具有天然風味 —— 經過自然發酵而出現的氨基酸為食材提供的鮮味（umami）。其他例子包括：鹽焗雞（過去雞肉菜式是節日或特殊場合才出現的）、梅菜扣肉（豬肉也被認為是奢侈食品），以及釀豆腐（將豆腐、免治豬肉，配以鹹魚調味，通常被認為是傳統的客家菜）。這些菜式與骨髓扒三鮮、酒糟炒豬肚、牛肉丸和炸大腸一樣，在香港仍然很受歡迎。然而，鮮為人知的是，這些其實都起源於客家菜，與香港社會發展史息息相關。

梅菜扣肉

　　如果說當時有一大群客家移民最終成為勞工階層的廚師，那麼上海移民在香港飲食文化中的情況就截然不同了。香港商業史上關於上海企業家的研究頗豐，但關於上海移民在香港的社會生活和社區發展的文獻卻不多。Guldin 在其 1977 年關於香港福建人社區的研究中指出，1950 年代福建移民到港前，在北角已有一個上海人社區。[5] 正如 Guldin 所提到的：

> 　　新一波的「上海人」到臨香港，儘管北角也不是所有上海人的目的地，就算如此早期亦然；最富有者到了殖民統治城市中最昂貴的地區，而大部分以中產階級為主的上海人則前往北角，為該地區增添了明顯的布爾喬亞色彩。1950 年「小上海」已經很成熟了。餐廳、裁縫店、美容院和其他商號皆由上海人開設，為該地區（主要是上海人）提供服務。如果北角曾有以非廣東人為主的時候，就是這個時期。[6]

　　上海移民之間住得很近，很可能與語言和文化問題有關，因為他們大多數不會說粵語，所以希望生活在一個可以根據自己的需要、開展便利生活的環境裏。1957 年後，北角的基建大幅完善，但在地理上卻與上環及中環等主要商業金融區相距甚遠，而距離可能是上海移民選擇北角作為目的地的原因。除了語言差異外，上海人在許多方面都與本地廣東人不一樣。首先，即使是現在，香港廣東人仍

然認為上海人是具有不同文化的「北方人」，尤其是與「南方人」或大多數香港的居民相比。例如，當地人說到「上海風格」時，通常暗示上海人注重自己的外表，他們穿着得體、說話誇張等；其次，香港人傾向於認為很多上海人都當過廚師、裁縫和理髮師；第三，在飲食方式方面，香港人認為上海菜更接近京菜和川菜（後兩者同樣被認為是「北方」），即使到了現在，在香港也很容易找到供應糅合京菜、川菜和上海菜的餐廳。

上海移民為香港戰後的經濟發展作出了重大貢獻。根據 Johnson 等對荃灣 —— 新界最早的工業城鎮（或衛星城市）之一 —— 的長期研究：「自 1948 年起，這些企業家通常來自上海地區，是由中國內地到香港的移民當中重要的一部分。上海企業家不僅帶來了他們的資本和創業才能，而且往往也帶來了他們的技術型工人。」[7] 由於上海自清末起已發展成為現代城市，上海移民不僅為香港戰後輕工業的發展帶來了資源和技能，也帶來了他們已建立的社會網絡和生活方式。例如在 1940 年代後，上海移民的大量湧入，幫助移民求職的同鄉會，以及支持他們在港飲食喜好的南貨舖發揮了重要作用。

1937 年第二次中日戰爭爆發，引發大批移民從江蘇和浙江南來香港，這導致了各種地區居民協會（同鄉會）的成立，促進了社交網絡和商業夥伴關係，以共同的語言和原籍地，在新環境創造一個信任區。可以理解的是，這對

就業和社會生活（包括節日和飲食）甚具意義。當時，求職需要推薦和保證。因此，同鄉會會幫助更多來自同一地區的人士找到新工作，並在陌生的粵語社會中相互支持。此外，人們可以在同鄉會中找到熟悉的食物，這一點廣受歡迎，因為他們當中大多數人還不習慣粵菜。[8]

其中一個值得注意的早期組織，乃蘇浙滬同鄉會。它成立於 1946 年，並於 2006 年更名以涵蓋上海地區。該協會位於中環一幢商業大廈的其中兩層。自 1969 年以來，這家餐廳一直採用會員制。如今他們的會員都很富裕，但不一定是上海人。鑒於它一直是其中一間提供傳統上海美食的高級餐廳，許多非會員透過借用朋友的會員資格，來享受他們的高質的上海菜。另一個以餐廳聞名而受歡迎的同類組織是寧波同鄉會，該協會成立於 1967 年。他們的餐廳，現在已與一般餐廳無異，歡迎並未事先預約的顧客。另一類則像上海總會這樣，它成立於 1977 年，也是香港著名的上海菜餐廳。這些餐廳以對於家鄉（即上海）的情感為基礎，傳揚及保存地區菜系的烹調方式，自然讓香港本地人覺得自己猶如局外人。

關於上海菜在烹飪實踐中的傳承，關注上海雜貨店的發展是有幫助的。這種雜貨店以前被稱為南貨舖，例如老三陽和同順興，也就是支持香港家常及市售上海菜製作的南方產品店。它們與大多數本地雜貨舖不一樣，因為南貨舖主要售賣金華火腿、麵條、酒、海帶、調味料，以及

其他在本地雜貨店不易找到的產品。它們扮演着迷你市場的角色，出售活大閘蟹、餃子、月餅和蔬菜等時令食品，在九龍城、上環、北角和深水埗等舊區，仍然可以找到其蹤影。他們大多是幾十年前成立的，我所知道最古老的一間，於 1956 年開設於九龍城。因此，由於同鄉會和南貨舖的存在，上海移民可以在香港生活，並得以保留他們熟悉的飲食習慣。上海移民也通過為本地廣東人經營餐館來謀生。在下一節我將說明上海菜如何來到香港，並為本地大眾帶來新口味。

　　1949 年後的移民，包括逃離日本佔領的香港居民，以及 1949 年共產主義革命後離開中國內地的人士。除了增加勞動力外，後者還帶來了資本、技能和都市景觀，從而提供了滿足當時香港經濟體系需求的人力資本。這導致了戰後時代的重大社會發展。1954 年香港政府制定了長遠的房屋政策，以提高香港居民的整體生活水準。隨着新建公營房屋為大多數勞動階層提供穩定保障，大批低薪勞動力應運而生，有助香港輕工業的發展。到了 1960 年代中期，香港在經濟發展方面取得了巨大的成功；與此同時，中國內地爆發了「文化大革命」，開展了一段苦難而動盪的時期。香港政府舉辦了各種本地宣傳活動，希望在香港居民之間建立一種相互歸屬感。大多數學者認為「香港身份認同」出現於 1960 年代後期，特別是在 1967 年暴動之後。[9]這種身份認同在 1970 年代得到了更充分的發展，「清潔香

港」、「反貪」和「香港節」等運動只是當中幾個例子。自1960年代後期開始，大眾媒體開始流行使用粵語，以粵語為基礎的流行文化也隨之而發展，進一步標誌了香港身份認同。在此之前，英語和普通話一直是香港大眾媒體的主要語言。粵語在媒體上的興起，對粵語電影的製作產生了深遠的影響，甚至在1970年代引起了全球關注。

關於客家飲食的到來，我認為應該被視為一種模式，乃根據東道社會的需要選擇了某些合適的食物。同樣模式也適用於上海飲食，尤其是餃子、饅頭和麵條等勞動階層的食品。這些菜式大多價格低廉，由店名簡單的餐廳提供，例如三六九、大上海和一品香。其他檔次較高的餐廳則擁有詩意的名字，例如以杭州菜聞名的天香樓，而雪園、滬江、留園則提供上海菜。我無法在此開列這些餐廳的完整名單，因為其中很多已經倒閉。從仍在營運的餐廳可以觀察到，他們提供的招牌菜都是「濃油赤醬」，如紅燒元蹄、東坡肉、脆炸燻魚、醉雞和茶燻鴨。我甚至無法分辨他們的菜式是否保留了原來的風味，還是已為本地廣東人顧客作出在地化處理。但這些餐廳大多不提供任何粵菜，以資識別。

此外，許多高級餐廳聘請的廚師在來港前已繼承了傳統烹飪技術，而某些著名的餐廳也在香港開設了分店，例如老正興。這家餐廳於1862年在上海成立，並於1955年在香港開設分店。然而，該餐廳於1993年關閉，後來更名

為老上海，擁有相類的廚房團隊。時至今日，老上海仍供應其大部分招牌菜。新餐廳傳承傳統廚藝一直是香港飲食業的焦點，而上海菜館也不例外。據一些媒體報導，來自著名同鄉會餐廳的廚師開設了新菜館，供應前者初期的傳統菜或招牌菜。這或許有助於證明他們菜式的正宗性。

除了以正宗著稱的招牌菜外，老正興也是第一家從上海入口大閘蟹到香港的餐廳。大閘蟹如今對香港人來說，已是一種相當本地化的食品。作為一種淡水湖蟹，大閘蟹不同於粵菜中常用的海蟹和泥（鹹淡水）蟹，在許多高級粵菜館通常作為時令美食供應。另一種高度在地化的上海菜式，乃是自 1980 年代以來在粵菜宴會上供應的開胃菜。隨着新派粵菜的形成，「江南八小碟」[10] 這八道菜也會由本地名廚製作，作為高級料理當中的開胃菜。有人告訴我，之所以引入這些菜式，是因為一般粵菜宴會並沒有開胃菜，所以用上海式涼菜來填補空白。如今我們可以很容易能夠在粵菜館找到這些開胃菜，但很少有人知道它們其實是 1980 年代的發明。

關於上海菜在香港的發展，我希望提出一個有趣的問題，關乎香港淮陽菜和上海菜的區別。淮揚菜或上海菜有不同的構成，反映出不同文化和歷史背景下的社會變化，而人們到底是如何分辨兩者呢？過去的研究指出，淮揚菜和上海菜的分界線與宋室的南遷有關。換言之，十世紀和十一世紀的人口增長，不僅促進了移民流入南部沿海地

區，而且促進了浙江的發展（杭州乃南宋的首都）。淮揚菜形成自早期的經濟和農業發展，而揚州乃唐朝時期（618-907）中國最富有的城市之一。到了清初，上海海關在江蘇的對外貿易中發揮了重要作用。1854年上海市議會成立，帶領這個城市步入1920年代的黃金時代。[11] 隨着現代化發展，淮揚菜通過精選江浙周邊地區的特色菜式，在十九世紀成為上海菜 —— 作為大都會一種高級菜系 —— 的重要組成部分。這些深受上海都市人喜愛的傳統菜式，在1940年代後期移民浪潮爆發時被帶到香港。

　　站在香港的角度來看，淮揚菜的一些菜式在食材、調味、口味和烹飪風格方面，似乎與上海菜沒有太大差異。淮揚菜被認為是更甜（使用更多的糖），且與其他中國地方的菜系相比，淮揚菜使用更濃郁的醬汁烹製，並佐以米飯和麵條。仔細看江蘇和浙江地區的地區菜名稱，會發現在杭州、寧波、紹興、南京、蘇州、無錫和上海等城市也可以找到其他菜系。然而，「淮揚菜」這個總稱，被選以代表上述相關地區的所有菜式。在香港，上海人代表了來自江蘇及浙江地區移民的混合體。他們與本地廣東人的差異不僅體現在地理位置上，更體現在來港移民及其後代的生活方式上。因此，與一直以來的淮揚美食分類不同，上海菜採納了涵蓋面更廣的生活方式，與移民社會構建的身份一致。

　　總而言之，本章所討論的客家菜和上海菜兩個例子

只是冰山一角，因為在戰後時代有太多不同背景和飲食習慣的移民來到香港。例如，九龍城的舊區被開發為泰國社區，我們可以在其中找到泰國雜貨舖、餐廳和售賣宗教物品的商店，與前面提到的上海人模式頗為相似。越南和印尼餐館則效仿客家菜館的模式，以吸引本地人的興趣。然而，這還不是事實的全部，因為當時也有移民售賣街頭食品，如糖蔥餅、炸油糍和生煎包，每種都是香港移民歷史拼圖的其中一塊。

注釋

1　塑膠及製衣業從 1950 年代末到 1980 年代初不斷發展。經歷輕工業發展後，香港轉以金融及銀行業為核心，直到今天。

2　這是直到 2021 年仍在營業的一家。

3　Anderson, Eugene, *The Food of China*, CT: Yale University Press, 1988. Simoons, Frederick, *Food in China: A Cultural and Historical Inquiry*, Boca Raton: CRC Press, 1991.

4　Goody, Jack, *Cooking, Cuisine and Class: A Study in Comparative Sociology*, Cambridge: Cambridge University Press, 1982.

5　Guldin, Gregory E., '"Little Fujian (Fukien)": Sub-neighborhood and Community in North Point, Hong Kong', *Journal of the Hong Kong Branch of the Royal Asiatic Society*, Vol. 17(1977), pp. 112-129.

6　Ibid, pp. 113-114.

7　Johnson, Elizabeth L., Graham E. Johnson, *A Chinese Melting Pot: Original People and Immigrants in Hong Kong's First 'New Town'*,

Hong Kong: Hong Kong University Press, 2019, p. 75.

8 　Cheung, Sidney C. H., 'Reflections on the Historical Construction of Huaiyang Cuisine: A Study on the Social Development of Shanghai Foodways in Hong Kong', *Global Food History*, Vol. 6, No. 2(2020), pp. 128-142.

9 　Ma, Eric Kit-wai, *Culture, Politics and Television in Hong Kong*, London and New York: Routledge, 1999.

10 　開胃菜當中有一些常見的菜餚，例如冷麵、麻醬雞絲、豆腐炒三絲、四喜烤麩（黑木耳烤麩）、醬蘿蔔、素鴨（腐皮）、麵拖黃魚、燻魚（煙燻鮵魚）。

11 　Wills, John E. Jr., *China and Maritime Europe, 1500–1800: Trade, Settlement, Diplomacy, and Mission*, Cambridge: Cambridge University Press, 2011.

Chapter 3

新派粵菜和國際菜系的興起

在香港，食物可用作不同族群的重要標誌。通過比較主糧、米飯和粥，可以探究廣東人和福建人的族群差異。例如，Guldin 指出：

> 福建婦女通常只吃菠菜、花生、粥（米粥），以及福建最貧困者常吃的蕃薯和鹹瓜。即使在香港，家庭能夠負擔得起，老年婦女也會喜歡吃這些食物。這些年長的福建人堅信福建菜是最好的菜系，而粵菜只排在第三位⋯⋯傳統的福建人每天吃三頓粥的習俗，正在屈服於廣東人對米飯的偏愛，尤其是在午餐時間，因為經常買不到粥。[1]

這反映了香港飲食方式的多樣性和不斷變化的方面，粵菜是主流菜系，而自 1950 年代以來，非廣東移民也帶來了各種地方菜系。除了第二章所提到的上海飲食文化外，福建飲食文化也可以在同區找到。Guldin 研究由福建人佔據的北角社區，指出廣東人和福建人之間的另一個區別，是他們「飲茶」的頻率。飲茶的字面意思是喝茶，是一種以點心或各種小食為主要特徵的粵式早餐。這種飲食方式源自廣州。顧客大多是從商者，其主要目的是社交，而不是單純為了充飢。飲茶於二十世紀初傳入香港，起初並沒有廣泛流行。在戰後時代，特別是在 1950 和 1960 年代，當中國內地難民湧入香港時，飲茶主要是單身男性的活動。他們以飲早茶作社交聚會，或交流有關求職和養鳥的技巧。那時候男人們會攜帶放在竹製小籠子的鳥，跟其他

顧客聊天。這就是香港茶樓或茶室的背景，但大多數已於
1990 年代關閉。茶樓與我們現在去的酒樓或大酒樓不同。
首先，酒樓及大酒樓通常規模較大，位處擁擠或繁忙的地
區，其中部分甚至是連鎖店，如美心、寶湖海鮮酒家和漢
寶，有些提供婚宴及生日宴服務，最多可容納 100 桌。其
他餐廳還提供娛樂活動，被稱為酒樓夜總會。今日，飲茶
已經從男人的社交場所，演變為全家人的聚會場所。由於
茶樓足夠靈活，可容納不同數量、花費不同時間的顧客，
飲茶方便聚集可能在香港不同地區生活和工作的家庭成
員，從而強化家庭的制度。飲茶在功能上的變化反映了香
港社會一整代早期移民完全本土化的過程。

　　值得留意的另一點是飲茶菜單的變化。飲茶時可以吃
到的大部分食物，最初都是街頭食品。這類食品本來是在
街上烹調和食用的，而非在餐廳裏。例如煎腸粉、炸兩、
煎釀三寶、魚蛋豬皮、咖哩魷魚、豆沙糖水、豆腐花等，
本來都是在街頭出售的小食，但後來成了茶樓的熱門菜
式。這反映出香港社會一個有趣的潛在結構變化；也就是
說，下層勞動階級的向上流動性相當大，他們在幾十年內
就達到了所謂的中產階級地位。具有諷刺意味的是，人們
選擇的食物揭示了以下事實：即使人們的口味從街頭轉移
到餐廳，食物的內容也可能根本沒有區別。

　　與飲茶相比，另一種獨特的港式飲食場所是茶餐廳，
這是香港東西方特色兼備的典型例子。茶餐廳是兼售西餐

和中餐的小型餐廳。它們遍佈香港的每一區，並以提供各種廉宜快捷的食品而聞名。茶餐廳不僅是香港作為文化大熔爐的典型代表，還出產具有香港特色的食品，強化了香港的獨特身份，顯示其既不屬於中國文化，也不屬於英國文化。[2] 諸如「薑汁煲可樂」和「鴛鴦」等飲品，前者是治療感冒和流感的特別組合，而後者則是咖啡、茶和牛奶的混合物，兩者都是香港中西特色交融的好例子。早餐吃的「多士」（烤麵包）配煎蛋、粥和麵、叉燒或燒鴨飯，以及烘焙食品等，構成了茶餐廳供應的獨特食品組合。大多數茶餐廳都是獨立的，規模很小，但最近出現了更多連鎖店，擁有自己的利基市場。從茶餐廳所供應的飲品和食品中，人們可以看到東西方飲食的在地化，也就是拒絕兩

火腿通粉

種文化的正宗食品和飲品，而傾向於新式的、獨特的香港風味。換言之，當人們開始將香港視為國際大都市時，如何將西餐本地化一直是個問題。例如，最受歡迎的香港早餐套餐，可以是炒麵配粥或香腸配炒蛋，也可以是叉燒湯意粉、火腿通粉，或午餐肉煎蛋公仔麵（或稱餐蛋麵）。我們可能無法得知社會上每種混合食品的起源；然而，從宏觀角度來看，我認為西方飲食方式的出現有三個重要趨勢。近十年來，由於非廣東及內地顧客增多，一些連鎖茶餐廳的午餐及一般時段會供應著名的地方辛辣菜式，如水煮魚、辣子雞、酸菜魚等。除此以外，還提供日式鰻魚飯、台式肉燥飯和全日英式或歐陸式早餐。因此，菜單上的這些變化，毫無疑問顯示了香港茶餐廳的靈活性。

西餐廳的第一波湧入發生於 1930 年代，太平館餐廳就是其中的代表。太平館是家族企業，創辦於 1860 年的廣州。由於受到英、法烹飪的影響，他們提供高級的西餐，如牛扒配豉油醬汁、炸乳鴿和煙燻鱠魚。他們在香港的業務在 1950 年代才變得可觀，其中一些招牌菜更成為香港西餐的標誌，包括瑞士雞翼（傳說它不是自瑞士入口的食譜，而是使用被誤讀為「瑞士」的甜醬汁所製成）、炸乳鴿、豬扒、燉牛舌、牛尾湯、煙燻鱠魚、金必多湯（comprador soup）、亞力山打湯（雞肉西蘭花忌廉湯），以及梳乎厘（soufflé）。如今，當人們去當地的西餐廳吃套餐時，在主菜上桌之前，可能會被要求在「白湯」或「紅

梳乎厘

湯」之間作出選擇。如果白湯被認為是雞肉西蘭花忌廉湯的親戚，那麼大家可能會想知道紅湯源自何處。紅湯應是羅宋湯，是一種甜菜湯，配上煮熟的蔬菜、酸忌廉、白煮蛋或馬鈴薯，有時會佐以餃子。它起源於烏克蘭，常見於東歐飲食。然而，在現今的香港，更常見的款式是以牛骨高湯烹調，是在主餐前與麵包一起食用的蔬菜湯。

香港有兩條路線的西餐，與當地餐廳所供應的兩種湯品相連。儘管受到英國和法國的影響，但西餐的第二種路線乃通過上海傳入，它起源於白俄，主要在約 1950 年代流入。白俄被定義為居住在現今立陶宛、烏克蘭和拉脫維亞地區的俄羅斯人。他們當中許多人在 1917 年俄國革命後離開了前俄羅斯帝國的領土。[3] 他們住在哈爾濱、北京和上

海，其中部分人在 1949 年中國解放之後來到香港，帶來了
羅宋湯、俄式牛柳絲和基輔雞卷，這些菜式均與通過廣州
地區引進的西餐不同。除了俄式餐廳的一些創始成員可能
是俄羅斯人，我找不到其他有關白俄人士與這些餐廳之間
關係的詳細資訊。然而，山東廚師的存在不容忽視，他們
為營運（包括烹飪和管理在內）作出了貢獻。

老一輩可能還記得皇后（Queen's）、ABC、車
厘哥夫（Cherikoff）、雄雞（Chantecler）和特卡琴科
（Tkachenko）等西餐廳，[4] 儘管它們當中的大部分都在
1990 年代關閉了。在報告的訪問中，DeWolf 提到了俄羅斯
人在香港成長時所吃的菜餚：

> 位於尖沙咀漢口路的雄雞餐廳的每日菜單從精選的
> *zakouska*（俄羅斯開胃小菜）開始，然後是一碗羅宋湯、
> 炸魚薯條和白汁雞柳。甜品為雪糕，配以咖啡或茶。[5]

第三種傳入香港的西餐潮流，與受到英國或俄羅斯影
響的西餐潮流大不相同，因為其西化與食物的關係不大，
反而與服務有關，尤其是高級中餐廳的食品和餐具佈置。
今時今日，如果我們參加中式婚宴，或在星級或獲得推薦
的餐廳進用正規的中式晚餐，菜餚並不會放在圓桌中間分
享，取而代之的是每道菜均按等比，放置於白瓷碟上獨立
呈上。這第三種趨勢即西式中餐的引入，這與新派粵菜及
其歷史，可以追溯到 1970 年代後期香港的經濟發展。

　　在香港，新派粵菜的出現是香港社會建設的重要指標。到了 1970 年代後期，香港成為一個國際大都會，擁有幾代受過西方教育的公民，已經站穩腳步。

　　這種改良版的粵菜與戰後轉型並行，反映了香港的社會價值觀是如何被建構的。這種轉變體現於 1970 年代後期的新派粵菜（或新粵菜）的形式上。這種菜系將具有異國情調或昂貴的食材，與西式餐飲結合在一起。新派粵菜，最早出現在尖沙咀東部許多裝修高雅的餐廳。其他餐廳紛紛在尖沙咀、銅鑼灣和中環等地區開業，並發展出各自的新派粵菜風格。這種烹飪風格的特點是使用具有異國情調的食材（如孔雀、鱷魚和袋鼠）、新穎的食譜（用西式紅葡萄酒燉煮）、大膽的烹飪技術、優質的餐飲服務（席間提供單人份量而非家庭式的共享菜餚，並在每道菜後更換餐碟），以及出眾的裝潢及氛圍。新派粵菜是「新富階層」刻意創造及追求的口味。這種烹飪發明的過程，大概可反映廣泛的社會和文化趨勢：香港日益富裕的新中產階級渴望一種更迷人的生活方式，並強調更精緻的用餐體驗。

　　在 1970 年代，由於香港的經濟轉型的成功，本地生活水準有所提高，人們能夠花更多金錢在旅行和飲食上。海外旅遊增加了對更多選擇和獨特生活方式的需求。此外，對更精緻、具有異國情調及複雜的食品和菜系的期望，也隨之有所提高。對高品質生活方式的需求以及個人品味的發展，從結合異國情調、昂貴食材和西式餐飲特色的新

派粵菜之出現可見一斑。**Goody** 認為，高級烹飪是指其特徵：「等級越高，接觸越廣，視野越開闊」，而且「高級烹飪無可避免地必須從『外界』取得食材」。[6] 他的論述讓我們注意到在全球交流的背景下，在材料和技術方面的飲食差異。口味、菜系和飲食習慣的變化被理解為社會建構的一部分，與用於表達個人和群體身份的文化物品之商品化有着密切關係。當時的香港飲食文化變得非常多樣化，以服務於不同的對象，來表現其地位、聲望和權力，而此現象實不足為奇。隨着經濟成就的增長，香港的生活水準也有所提高，人們能夠花更多錢購買入口名牌產品。他們還憑藉新近獲得的財富，更頻繁地出外旅行和用餐。海外旅遊頻率的增加，提升了當地居民對選擇的需求，獨特的現代城市生活方式亦因此更呈多樣。同樣地，這種新的財富也增加了本地飲食中對更精緻、具有異國情調食物的期望。

　　2004 年夏天，我應邀共同主持一個共有 15 集、每集一小時的電台節目，名為《飲食香港》。它由政府頻道 —— 香港電台（RTHK）製作。節目中我訪問了著名廚師、餐廳老闆、顧問、飲食評論家和其他專家。節目的嘉賓之一是鍾師傅，他是新派粵菜傑出的推廣者，曾是尖沙咀一家五星級酒店中菜廳的行政總廚。他曾參加一個名為《鐵人料理》（料理の鉄人）的日本電視烹飪節目，其後贏得了頗高的聲譽。他告訴我其靈感來自於他工作的酒店內

一間西餐廳所使用的水果，因為它們看起來都非常漂亮，且充滿異國情調。因此，他為中菜廳也訂了一些水果。水果並非中國傳統菜式中常見的材料。然而鍾師傅取得了成功，並創造了他的其中一道招牌菜——夏威夷木瓜魚翅湯（一人份量）。直到 1980 年代，由於本地精英、外籍人士和國際遊客的大量需求，新派粵菜很受歡迎。但到了 1980 年代後期，許多人移居海外，其中包括眾多才華橫溢的中菜廚師，他們離開香港，前往美國、加拿大和澳洲的粵菜館工作。雖然新派粵菜的衰落可能主要由當時的移民潮所造成，但被引入的國際菜系也為高級餐飲市場帶來了不少競爭。此外，在現今消費社會中，個人品味也在不斷變化；食材的混合和配搭、優先排序和重塑的方式，成為預期的身份和地位的指標。一種強調選擇自由的風格之出現，是研究過去幾十年來香港人不斷變化的「品味」的一種可行方法。

為了進一步探討 1980 年代的國際菜系種類，我將比較香港人在家和出外的飲食習慣，以清楚表明一些指示性的差異。當人們外出用餐時，他們尋求多樣性，以及廣泛的選擇。他們可能在麥當勞吃早餐，到日式壽司店吃午餐，之後在台灣茶飲店買小食，晚餐則吃印度咖喱。他們可能在吃完作為開胃菜的法國生蠔，還有美國的波士頓龍蝦後，迫不及待地想嘗試韓式燒烤。如今，這些來自世界各地的不同菜式在香港很容易找到，而且不僅是富有人

家，而是大多數人都可以負擔得起。然而，在家中進用的食物卻更加傳統和保守，以安全、健康、傳統的冷熱平衡和禮儀禁忌為關注焦點。在家和出外用餐之間保持着明確的文化界限。然而在香港，傳統主義和全球主義在本地問題上的這種調和，是完全可以觀察得到的。大多數香港家常菜所使用的食材都非常類似，變化很少。例如，煲湯、蒸魚、小塊肉類炒時令綠色蔬菜、豆腐，都是典型的家常菜。每餐幾乎都是配搭米飯。家庭內外的飲食習慣差異頗能說明問題，並反映了香港本身的二分法。香港是一個國際大都市，一方面它擁有國際化的複雜性；另一方面又是中國文化的延伸，具有悠久的粵菜傳統。自 1970 年代新派粵菜興起以來，我們可以看到一些相似之處。其中不同的食物，如美式連鎖快餐店、法式精緻餐飲、意式麵食、日式壽司、韓式燒烤、泰式辛辣食品、越南菜，以及中國其他地區的菜系等不斷傳入，在飲食文化方面對香港產生了重大的影響。在所有非中國菜中，泰國菜和印度菜的發展路徑可能略有不同，因泰國和印度社群在九龍城和尖沙咀都各有自己的固定社區。這些區內餐館和雜貨舖與上海人的模式相當類似（見第二章）。要了解非中菜如何促進香港飲食文化的發展，我們不妨看看本地日本料理近來的轉變，特別是它與第二次世界大戰前後傳入香港的其他西餐文化有何不同。

我在香港長大，父母分別是潮州人和順德人，所以家

鐵板燒

裏大部分時間都吃粵菜。非粵菜於我並不陌生，儘管我沒有辦法將之與香港以外的菜式進行很好的比較。帶着對世界美食的有限了解，我在 1984 年前往日本接受高等教育，當時日本料理在香港除了鐵板燒（鉄板焼き）外，其他都尚非廣為人知。這道菜在 1984 年由許冠文執導的熱門電影《鐵板燒》裏佔據重要位置，電影中一眾角色取笑鐵板燒廚師的技能。由於不了解「紅花」（Benihana）[7] 或它用的美國牛仔式燒牛扒和海鮮的成功故事，許多香港人（包括我自己）只認為鐵板燒是大多數日本餐廳供應牛扒和海鮮的正宗傳統方式。

　　我在日本吃的第一頓刺身（生魚片）令我相當享受。這頓飯是一個午餐套餐，有五六塊紅吞拿魚配以米飯和味噌湯。當時在傳統的壽司店用餐相當昂貴，而且對於大

學生來說，這並不是一個他們可以經常去吃飯的地方。然而，大約在同一時間，日本的現代壽司店迅速發展，以迴轉壽司為特色。迴轉壽司 1958 年發明於大阪，並在 1980年代廣受歡迎。在店裏，兩塊同款壽司被放於安裝在吧台的傳送帶上。壽司放在一個碟子裏，碟子有特定的顏色，用以辨識它們的價位。客戶可以選擇他們喜歡的款式，而無需提前點餐。與傳統的壽司店相比，它們價格便宜，而且不要求顧客對食物非常熟悉。當時，迴轉壽司被視為對好奇、愛冒險的香港消費者的挑戰，因為在他們的傳統飲食中，生吃魚片及海鮮並不常見。

當我在 1990 年代中期從日本回港時，日式餐廳的數量已經有所增加，且不僅限於鐵板燒。有些地方還供應壽司、天婦羅和其他傳統日本料理。除了在高級餐廳供應的傳統菜式外，自 1990 年代以來一直在日本流行的「B 級美食」（如拉麵、咖喱和炸豬排），在日本經濟泡沫爆破後有所增長，並逐漸改變香港的日式料理格局。[8] 多區都有更多的拉麵店和迴轉壽司店。自過去 20 年以來，專門售賣不同種類的區域拉麵、咖喱和炸豬排的餐廳顯著增加。還有日式漢堡連鎖快餐店、供應日式意粉和薄餅的餐廳、牛扒餐廳、威士忌酒吧、蛋糕店和咖啡店。在 2020-2021 年新冠肺炎疫情期間，一家日式超市在市中心地區開設了幾家分店，其大部分食品直接從日本入口。所有受香港人歡迎並被認為是值得信賴的餐廳和商店，都有一個日本利基市

場。這種現象背後有幾個原因。除了通過本地和國際旅遊推廣的各種區域食品外，透過動畫、漫畫、電視劇和電影而對美食欣賞的形式化，也通常被視為其成功和軟實力提升的理由。在日本流行文化全球化的背景下，抹茶曲奇、加入日本牛奶的巧克力、日本芝士蛋糕、日本威士忌、清酒（日本米酒）、燒酒（主要由蕃薯釀製的酒），以及含有特定的日本香草和調味料的琴酒等零食和飲品，在香港隨處可見。

　　由於日本的海外食品推廣政策，日本牛肉、大米和小食在許多國家或地區觸及到更多消費者，香港也不例外。「產地直送」在日本餐廳中經常被提及，而 omakase（字面意思是「拜託你了，交給你了」，常見於日式餐廳，乃是顧客讓廚師選擇日常及時令特色菜）的概念，亦已被香港的日本料理愛好者所接受。他們完全信任廚師和餐廳。如上所述，香港人願意嘗試不同種類的食物，具有冒險精神，以期透過飲食和分享探索不同文化。在過去的幾十年間，香港社會除了對日式料理的興趣日益濃厚外，歐洲式飲食文化的能見度也越來越高。西班牙火腿、荷蘭海鮮、葡萄酒和糖果，在香港的年輕專業人士當中很受歡迎。受歡迎的原因之一，可能與這些年輕人的文化經歷有關。他們遇到來自世界各地的人士，並願意通過飲食，進一步了解各種文化和生活方式。新派中菜和國際菜系的興起和流行所反映的變化不容忽視，因為它們提供了一個渠道，讓

我們了解在大多數人經歷過的 1960 年代艱難時期之後，價值觀和常規如何因經濟成功和社會穩定而發生變化。

　　與戰後移民帶來的飲食方式相比，本章說明了物流和現代交通方式等技術變遷，如何在不斷變化的飲食文化中扮演另一種重要角色。新派菜系的理念，以及日式料理的普及和其全球出口體系，只是香港飲食文化當中模式和口味變化的一部分。

　　在第四章中，我將根據當地文化遺產和正宗傳統習俗 —— 自 1990 年代以來已成為現實生活及媒體中另一個流行飲食主題 —— 探尋懷舊食品的足跡，並將焦點放在本地和家常烹飪之上。

注釋

1　Guldin, Gregory E., '"Overseas" at Home: The Fujianese of Hong Kong', Ann Arbor, MI: University Microfilms International, 1979, pp. 233-234.

2　Wu, David Y. H., 'Chinese Café in Hong Kong', in David Wu, Tan Chee Beng, *Changing Chinese Foodways in Asia*, Hong Kong: The Chinese University of Hong Kong Press, 2001, pp. 71-80.

3　DeWolf, Christopher, 'Russian Hong Kong: Why Do Hong Kong Restaurants Serve Borscht?', Zolima City Mag, 4 October 2017. https://zolimacitymag.com/.

4　當時它們可能並沒有中文名字。

5　DeWolf, Christopher, 'Russian Hong Kong: Why Do Hong Kong Restaurants Serve Borscht?', Zolima City Mag, 4 October 2017. https://zolimacitymag.com/.

6　Goody, Jack, *Cooking, Cuisine and Class: A Study in Comparative Sociology*, Cambridge: Cambridge University Press, 1982, p. 105.

7 「紅花」的歷史及其創始人青木廣彰（Rocky Aoki）的故事，見 https://www.benihana.com/about/history/。

8 Ng, Benjamin Wai-ming, 'Imagining and Consuming Japanese Food in Hong Kong, SAR, China: A Study of Culinary Domestication and Hybridization', *Asian Profile*, Vol. 34, No. 4(2006), pp. 299-308.

Chapter 4

尋找懷舊食品

　　除了當今在香港可以找到的各種國際菜系外，還有一種食品關乎個人情感上的依附。如果非要透露我的舒適食品（comfort food），我可能會說是滑雞／排骨臘腸煲仔飯，以及皮蛋瘦肉粥，兩者在香港都隨處可見。對於年輕一代來說，街頭小食是舒適或懷舊的食品；而對於那些並非跟原生家庭同住的人士來說，自家製湯水可能是另一種受歡迎的選擇。如果舒適食品的選擇主要基於個人經歷，那麼懷舊食品可能與文化及政治背景下的社會規範及價值觀更具關聯。對於大多數香港人來說，可以識別出一些具有類似功能的懷舊食品。

　　自香港回歸以來，客家茶粿很受客家人和都市人的歡迎。大多數糕點都是自製的，由舊區和鄉村的老太太出售，它們為我們帶來原真且傳統的味道。最常見的款式由

臘腸煲仔飯

糯米粉和糖製成，帶有雞屎藤（paederia foetida）的味道，其他口味包括艾草、蕃薯和南瓜。鑒於人們對本地傳統的興趣日益濃厚，客家茶粿也許能讓大家了解懷舊食品的面貌。同樣地，過去 20 年以來，其他本地客家小食如糯米酒、米通，以及使用本地食材製作的海鮮菜式，也越來越受到關注。

如上所述，本地客家乃新界四大原居民族群之一。他們早期的湧入，與清初從山東到廣東沿海地區的遷界令有關。在遷界令取消後，客家人被正式帶到這個地區。因此，新界東北部的大量客家村民聲稱他們的祖先自清代移居當地，其家族歷史超過 300 年。儘管他們在新界定居了 300 多年，但他們的語言、建築、飲食文化、性別關係和生活方式，依然與眾不同。本地客家是東部半島丘陵地帶的早期定居者，而「本地人」也被稱為「圍村人」或「圍頭人」，在前殖民時代於肥沃的低地進行耕種。因此，位於沙頭角、坑口半島、大帽山、大埔、沙田、荃灣、青衣和馬灣等地區的村落，通常被認定屬於本地客家。

由於這些客家人來自沿海環境，他們的飲食習慣也相應地作出了改變。烹飪海鮮時強調新鮮，並大量使用海產乾貨，都是非常引人注目的特點。我觀察到一些餐廳經常供應的幾道本地客家菜式包括：一、勝瓜蝦米肉碎煮魚鰾（海產乾貨常用於傳統節日食品，是新年家庭宴會的招牌菜）；二、鹹雞／鴨／鵝（強調新鮮度，這道菜明顯不同於

第二章所討論的、其他客家菜館有售的沙薑雞）；三、大墨魚木耳炆豬肉（用乾木耳和海鮮代替醃菜，只使用早春返回沿海地區的墨魚）。這些菜式的準備更加耗時，並且取決於必須新鮮捕獲或收成的當地時令食材之供應。因此，提供這些菜式的餐館並不多。然而，這些都是懷舊食品愛好者追慕的美味佳餚。

至於香港的懷舊食品，我想介紹一些我歸類為平民級（日常）烹調的種類。其中包括傳統的鄉村美食和私房菜。這些食品可能有助於我們了解回歸後的香港居民如何應對文化、經濟和政治方面的變化，以及他們如何重塑身份。通過調查這種涵蓋特定區域特徵、出菜安排和中國南方當地食材的平民級烹調之消費情況，可以看出人們如何利用其傳統根源形塑高級烹調的意義，當中強調使用全球公認的異國情調（通常是入口或稀有）且昂貴的食材、烹飪技巧，以及專業的高端服務。平民級烹調在回歸後的香港的商業化，凸顯了物質文化這一方面如何在不同文化實踐中移動並重新定義，以及邊緣、農村、日常和普及的飲食文化，如何被用於喚起人們對傳統的懷緬、對過去的回憶，還有對美好時光的想像。

在討論兩種平民級烹飪 —— 盆菜和私房菜 —— 的性質和歷史之前，我們得先了解戰後見證香港工業發展的客家菜館（見第二章）。這些餐廳仍為老一輩帶來很多美好的回憶。1997 年香港回歸後，內地旅遊越來越受香港人

歡迎，傳統建築和鄉村成為重要目的地。傳統的當地美食文化提供了懷舊的味道，以及希望觀賞文物的遊客所期望的在地化文化身份認同。作為 1997 年香港回歸中國後社會和政治變革的一部分，我對平民級烹飪的這種流行趨勢作了研究。[1] 九七回歸後，香港人繼續對是次主權的「回歸」表達非常複雜的情緒。這種模棱兩可的部分原因，在於「香港人」意味着什麼，以及誰是「中國人」──這是一個具爭議性的問題，至今仍持續被討論。[2] 一個人的身份，以至其共同的社會文化背景，是否植根於出生地，例如珠江三角洲之於大多數香港人的祖先？一方面香港居民在語言、宗教和食物等身份認同感上都有一些相似之處。另一方面，有些土生土長、受過西方教育的年輕專業人士認為自己是香港人，也有一些事業有成的移民商人認為自己是中國人，而另外不少人則認為自己介於兩者之間。因此，對香港的歸屬感並非同質的，也從未在社會各界穩固地實現。食品和菜系不斷變化的動力，還有以本地和家常烹飪為重點的平民級烹飪消費，為了解不同的人如何通過如此戲劇性的社會和政治變化來認同自己及其在社會中的地位，提供了一個切入點。

著名的鄉村風味菜式──「盆菜」是一種節日食品，通常見於祖先祭拜儀式和婚宴（普遍適用於村中的紅白二事）。這道菜在新界的本地原居民當中很受歡迎，通常在祠堂的廚房裏烹製。這是主菜，也是唯一的一道菜。所有

食材都放在一個盆子裏，供同一餐桌上的人們共同食用。
這道菜通常由廉價的當地食材製作而成，例如乾豬皮、乾
鰻魚、魷魚乾、蘿蔔、支竹、冬菇和黃豆醬炆豬肉。宴會
中有時會包括另外幾道菜，但盆菜始終是重點。在新界當
地村民當中，這道菜通常被稱為「食盆」（字面意思是「吃
盆」），其口述歷史比殖民統治的香港的口述歷史還要長。
最重要的是，食盆作為盆菜的當代表現形式，在媒體（例
如指南、網站和旅遊雜誌）通過其所謂起源的不同故事進
行宣傳。然而，香港吃盆菜的傳統，似乎只有在本地遊客
參觀了新界的傳統鄉村聚落和遺址後，才能吸引到他們
（自 1990 年代以來，到後者參觀日趨普遍）。

　　由於這些傳奇的起源（儘管是被建構的），盆菜目前
被認為是一種被重新發明的、區域性的鄉村風味食物，代

盆
菜

表了文化傳統及新界以血統為本的社會結構之本地獨特性。盆菜的起源有許多不同的版本。例如，有說盆菜最初是鄉村宴會的剩菜，並在清朝乾隆皇帝訪問廣東時受到高度讚賞。[3] 另外兩個與南宋有關的流行版本說盆菜最初是提供予宋朝皇帝趙昺及其隨行人員，以及詩人及政治家文天祥的食品。有趣的是，在這些故事裏所出現的兩人，都強調了他們處在宋末蒙古人入侵期間移居南方的那刻。這道菜後來被命名為盆菜，因為沒有足夠的碗盤可以盛放各人的食物，所以村民使用洗臉盆作為容器，招待軍隊用餐。[4] 因此，這些故事乃從地方角度，反映出國家的歷史意識。

盆菜是幾個世紀前，在新界定居的華人家族的本地飲食文化。對於大多數不熟悉該地區文化傳統的香港居民來說，猶如異國情調。盆菜的雙重身份 —— 既本地又如異鄉 —— 因其「傳統味道」得到本地旅遊的廣泛推廣。本地旅遊及受歡迎的旅行團，一般涵蓋當地食物（通常是盆菜、海鮮或素食）、鄉村風光，以及參觀歷史悠久的前殖民村落或寺廟，以加強傳統香港的形象。對於香港都市居民來說，遊覽新界鄉郊是一次探索自我的旅程。這種對香港傳統的追求，反映了香港居民在 1997 年回歸前所感受到的身份意識或危機。

我第一次見到盆菜是在 1995 年，當時我和一群人類學學生一起參觀元朗新落成的屏山文物徑，參觀結束後，我

們去了一家臨時搭建的餐廳，這餐廳為遊客提供的只有盆菜。我們之所以決定嘗試，是因為別無選擇。在了解了屏山傳統聚落的文化和歷史後，我們也認為這是一次合宜的體驗。那是我首次吃到盆菜，在此之前我對這道菜一無所知。我很驚訝看到所有食材都裝在一個大型中國瓷製容器或盆子裡，然後放在一張圓桌中間，可供十到十二個人食用。香港都市人以前可能也嚐過鄉村風味的食物，但當大家參加流行的本地新界一日遊時，這道菜就變得更加為人熟知。

　　除了受歷史啟發的鄉村傳統外，新界穩步向前發展的基建，也帶動了香港對盆菜急劇增加的需求。Duruz 在澳洲也同樣觀察到，某些傳統食品的歷史在很大程度上植根於政治及國家主義意識形態，後者更對早期社會發展的過程進行了評價。Duruz 認為，人們對所謂傳統食品的期望，主要決定因素在於懷舊感，以及透過用餐當下對過去產生文化認同。這也許可以解釋為什麼盆菜自 1990 年代以來變得如此流行。當時交通已變得相當便捷，有利出行，人們也更容易體驗到新界的鄉村傳統（直到 1980 年代，新界一直被認為是偏遠地區）。然而，從傳統的食盆到現代盆菜的變化，尚需進一步研究。從歷史上看，食盆在許多本地單姓村落裏，一直都是宴會食品。這道菜標誌着相應的族群界限，並在儀式層面象徵他們透過共餐連結整個宗族。正如 Watson 所指出的，食盆的實踐標誌着宗族成

員之間平等、共性，以及對其地位和社會成就的不在意。
Watson 說明：

> 每位賓客從托盤裏取出自己的筷子，再拿起一碗米飯。盆被帶到大廳一個無人佔用的角落。早到的人，已經在廚房附近臨時組裝的幾張桌子上吃飯了。我不禁注意到，香港鄉村最富有的人之一（一位移民百萬富翁）坐在退休農夫和工廠工人之間……沒有舉行任何形式的儀式，也沒有複雜的禮儀規範要遵守。沒有人擔任我們小組的東道主，也沒有食客的排名，更沒有為重要客人預留主家席。人們以先到先得的方式取得食物。沒有任何演講，也沒有人提議祝酒。每個人都在自己的地方吃飯，想走就走。食盆不僅強化了本地單姓血統制度，而且似乎將客家人群體排除在新界政治背景下的本地華人群體之外。換言之，食盆被隱喻為新界的真正食品，可以追溯到首批居民在該地區定居的時期。[5]

在 1990 年代初期，香港都市人參加新界本地傳統的探索之旅，以及他們對異鄉情調的期待，在一定程度上是為了在 1997 年回歸的身份認同危機之背景下，重申他們的香港特質。一方面，以當地傳統為重點的盆菜，代表了促進本地旅遊業的一種異鄉情調。另一方面，它隱喻了香港人在英國統治末期對文化歸屬感的尋求。如今盆菜帶着一個政治訊息，且從原來的新界宗族聚會焦點，轉化為任何人

都可以分享的香港文化遺產象徵。

除了傳統方式外，裝進大碗售賣的十至十二人份量外賣盆菜也頗受歡迎。因此，人們可以在家裏與親友一起享用這道菜式，而非一定要在舉行節慶和儀式的傳統場所，如祠堂或墳地等享用。最有趣的是，2003年農曆新年假期期間，媒體廣泛報導，指儘管經濟蕭條，盆菜仍是最暢銷的產品之一，年初二售出了許多外賣盆菜；而按傳統來說，每年第一頓家庭聚餐均在年初二舉行，所有家庭成員都會出席。在接下來的20年間，社會對盆菜的需求始終如一；而高端海鮮酒樓亦會供應某些版本的盆菜作外賣出售。香港特區政府曾發出一份新聞稿，提醒市民在2005年農曆新年期間購買和準備盆菜時應注意的事項。[6] 這充分反映了此道菜式如何既廣受市民歡迎，卻又對後者來說仍然相當陌生。2005年1月，最受歡迎的本地中文飲食雜誌《飲食男女》（*Eat & Travel Weekly*）出版了一期關於盆菜種類的特刊，其介紹的品類從祠堂準備的傳統菜餚，到以新鮮或乾貨海產烹調的昂貴餐點不等。此外，盆菜還有另一種變調──迷你盆菜。這種迷你版盆菜使用一個小南瓜作為「盆」，配料包括數塊雞肉、蘑菇和蔬菜。它受到一些當地連鎖快餐店的積極推廣，並以單份單點及單份晚市套餐的形式供應。由於盆菜傳達了家庭聚餐的形象，且為香港特質的象徵，因此這道菜式已經以多種方式進入了香港的日常生活。[7]

在我上文提到的 2004 年電台節目中，其中一位嘉賓是榮師傅，他是鄉村飲食和新界圍村食品傑出的推廣者。他的餐廳供應從傳統盆菜發展而來的菜式，並將不同的本地家常菜帶入商業領域，業務上取得相當成功。除了是一位著名廚師外，榮師傅還以他的電視節目而知名，並以尋訪美食享譽全港。在他的電視節目中，觀眾跟隨其旅遊足跡尋找高質食材。有別於媒體上其他頗受歡迎的飲食評論家，榮師傅並不強調使用奢華、高端、昂貴的食材，而是專注於精心烹調的粵式傳統鄉村美食。在節目裏，他討論了好食材與壞食材的區別，以及如何在烹飪過程中充分利用當地食物的味道、質地和特性。從 2002 年 12 月到 2003 年 7 月，他出版了四本關於傳統飲食的書籍。第一本是關於新界鄉村（或稱圍村）食品的食譜；第二本是關於珠江三角洲地區的飲食；第三本和第四本則是食譜，包括傳統醬料的歷史，以及選擇食材和烹飪技巧的小提示，均是在珠江三角洲地區尋訪美食的熱門電視節目系列播出後編寫的。在 2003 年 8 月和 2004 年 7 月期間，榮師傅又出版了三本類似主題的書籍。它們不僅示範了使用當地食材的簡單烹調方法，還強調日常物質文化如何在當時歷經轉變的文化實踐裏佔據中心位置。除了菜式的食譜和相片外，他還描述了他獲悉這些菜式的某些個人經歷。他總是提醒讀者，當地食材與其環境之間有着密切的關係。

我認為植根本地的食物（如盆菜），以及關注珠江三

角洲不同地區（包括香港）本地食品生產的電視節目和書籍，均有助於透過探索飲食文化，提高觀眾對食物來源及其中國根源的認識。至於食物與記憶之間的複雜關係，Sutton 認為對飲食的調查，有助於理解過去的記憶如何構建想像的傳統和身份。[8] 這些美食之旅通過飲食習慣體現了香港的傳統特徵，將香港與內地從領土及想像中的歷史關係連結起來，而非將香港與全球資本浪潮中的歷史聯繫區隔開來。例如由榮師傅主持的電視節目，向觀眾展示了一個想像的中國身份認同。除了烹飪示範，以及廚房內鄉村風格和懷舊煮食的演示外，所謂的傳統飲食方式還有助於提高對個人家族文化歷史的認識及文化歸屬感，讓香港人飲食習慣的根源更清晰可見。通過這樣，他們將珠江三角洲地區——一個想像中的故鄉——的文化認同加諸觀眾。

私房菜被認為是平民級烹飪的另一個著名例子。一如盆菜，它展示了物質文化如何從香港飲食的邊緣轉移到中心。私房菜館與開放予公眾的餐廳不一樣的是，在 1990 年代剛開始流行的時候，它們一般沒有正式的食肆牌照，而其中一些更是在住宅樓宇內經營的。「私房菜」一詞，清楚凸顯出預備自家製食物的地點，以及如何與之密切相關。此外，該詞亦強調這些菜式是由特定廚師烹調的家常菜，或具備令人聯想到家庭的特徵。在 1990 年代中期，當盆菜越來越受歡迎的時候，私房菜館也成為香港最時尚的食肆之一。全盛時期共有 200 多家，筆者曾到訪過的多是樓

上鋪，包括商住和工廠大廈，當然也有於私人住宅內開設的。此後，這些場所越來越受香港居民和外國遊客歡迎，並吸引了主要旅遊指南出版商及海外出版社的關注。[9]某些中菜館如周媽媽川菜家宴、四川菜大平伙、黃色門廚房、周中私房菜、Shanghai Delight 和 Secret Pantry；以及西餐廳如 Plats、Gio's、La Bouteille、Chez Copains、LIPS 和 Bo Inno Seki，上述每一家私房菜餐廳都非常強調非傳統的粵式中菜、歐洲家常菜或融合菜（fusion food）。例如，《南華早報》（South China Morning Post，香港一份主要英文報章）的一篇報導，預示私房菜館是本地化餐廳的最新形式：

> 香港世界食品協會將私房菜館描述為「地下酒吧」，這是 1920 年代美國禁酒令時代的一個名詞，當時禁止銷售含有酒精的飲品，於是飲酒者會在非法俱樂部聚會⋯⋯ 一家經營有道的私房菜館 Shanghai Delight 的東主說，私房菜館與其說是一門生意，不如說是一門藝術。「我們正在推銷我們的身份 —— 它藏在裝潢、菜單及烹飪中。我們正在與他人公開分享我們自己的中國飲食文化經驗。」[10]

在香港，早期的私房菜館是無牌食肆，被中產階級認定為專屬用餐場所。它們一般仍是沒有註冊公司名稱的地方，位於住宅及工業／工廠大廈。私房菜館一般不接受街客，需要提前預訂，有時甚至得提前一個月以上。私房菜

亦沒有菜單，因為要提供什麼餐點，都是由店東決定的。它們不收取服務費，也不接受信用卡。一些私房菜館會在其網站宣傳他們的價格、菜單和位置。一頓飯的價格，由500-800港幣（大約等於60-100美元）不等。與其他提供類似餐點的食肆相比，它們並不便宜。從位置上看，除了在廚師家裏提供餐點外，如今大部分私房菜館都位於租金相對較低的舊工業區工廠大廈裏。它們一般只供應晚餐，有些每周只開放幾天。室內裝修大多很簡單，但試圖重現家庭氛圍，儘管本質上仍是藝術性的，因為部分私房菜東主和贊助者自身也是從事實踐藝術創作的工作。觀其私房菜館，會感受到他們喜愛透過使用昏暗或柔和的燈光，以及時尚而非工業的傢俱來營造家庭氛圍，頗能反映出東主的個人品味。

由於這種地下且看似排他性的操作，以及他們以家常烹飪技巧作招徠，這些私房菜館所提供的食物帶有舒適及家一般的形象。顧客大多來自中產階級，間或也有受家常菜氛圍和店東／老闆獨特個性所吸引的名人及藝術家到訪。雖然在2004年，上述其中一些私房菜已經停止營業，但我估計這類食肆在香港仍有100多家。縱使部分仍然試圖在服務和家常菜特色方面嘗試維持其地下形象，許多卻已經從地下（並且非法）經營變為正式的持牌食肆。因此，將非粵菜製作成家常菜、將無牌解釋為私人，以及地下但方便食客甚至遊客的形象，都展示了家常菜如何被

包裝、行銷，並被本地和亞洲遊客所接受。《南華早報》的某個刊登得正合時宜的專欄證明了這一點。

　　該文章指日本和東南亞遊客在媒體上看到不同推廣活動後，為了尋訪正宗的香港本地用餐體驗，找上了私房菜館。其中一位餐廳老闆解釋說：「經日本航空公司的機上雜誌和日本電視紀錄片節目報導後，很多旅客前往法式私房菜館 La Bouteille 用餐。」[11]

　　例如，最早期的私房菜館之一，由一對四川夫婦於 1990 年代後期創辦，以家常四川風味而聞名。丈夫同時也是一名畫家，室內裝潢由他一手設計；而妻子則是一名歌手，負責掌廚。餐廳剛開業時，每周只營業三天。如今，它已將營業時間延長至每晚供應晚餐。但餐廳仍然沒有在門外放置招牌，店東也沒有以任何方式打廣告，它的名氣單靠口碑積累。為了增強餐廳的個人化風格，店東用他的畫作作內部裝飾，每幅畫作都結合了西方和中國的藝術技巧和主題。這家店最多可容納 60 人（六張桌子，每張可容納二至十人），而每晚有兩輪入座時間，由下午 6 時半開始到晚上 9 時 15 分。飯後，廚師會為顧客（也是觀眾）表演一首歌，以表達她作為店東的感激之情。為了確保晚餐預訂不會在最後一刻取消，餐廳老闆要求先支付約價值一半的按金，並需在用餐至少三天前預訂。這種期望凸顯了常客的中上階層地位，以及餐廳美食的吸引力，這些在以前均被認為是地道且分屬基層的。店東強調他們一直以來

的做法是要避免「花巧的菜式」，並提供讓人聯想到傳統和家常川菜的餐點。因此，在這兒，食物跨越了不同的文化意義領域，使當地的食物對尋求冒險的消費者而言，既熟悉又具有異國情調。

另一家成立於 2000 年的四川私房菜館，以其自製的餃子、麵條和各種辛辣菜式而聞名。店東並非受過專業訓練的廚師，也非藝術家。不過，她透過為顧客和友好製作美味且創新的四川鄉村美食而聲名鵲起，並迅速得到認可。此店與前面提到的那家一樣，位於一棟古老的歷史建築內。它的裝潢很簡單，只有幾張店東家鄉的照片，牆上還掛着幾幅書法作品。餐廳菜單上的一些典型品項包括餃子、回鍋肉、鹹煎肉炒菜、擔擔麵、走地雞菜式和炸玉米。就像其他供應四川菜、湖南菜、上海菜、傳統粵菜和客家菜的私房菜館一樣，這種餐點清楚表明以平民級烹飪為特色，強調農村、鄉土及家常菜，並提供個人化、溫暖、家一般的環境給顧客。

除了非粵菜的地方菜系外，一些私房菜館還提供源於粵菜的融合菜。舊區上環（或稱「南北走廊」）恰如其分地開設有較新派的私房菜館；該區包括商業區和住宅區，是乾海產或魚類產品及中草藥批發商的集中地。這家私房菜館由一位在日本相當有名的廚師經營。他之所以廣為人知，是因參加了日本頗受歡迎的電視節目《鐵人料理》（料理の鉄人）。這家餐廳供應他獨特的家常粵式融合菜。他

解釋道，自從他在香港一家五星級酒店的中菜廳退休後，他過去的顧客和朋友不斷鼓勵他開一家私房菜館，以便他們可以繼續享用他的粵式融合菜。雖然這位廚師通過結合多種並非全部來自本地的食材來挪動平民級烹飪的界限，但他堅持認為自己是在重新創造具有家庭風格的菜式，因為他將餐點置於一個香港的家庭環境中。他將服務的基本原理建立在個人化及周到的顧客關係上，讓他們感覺猶如在家吃飯。此外，作為地下而專屬的餐廳，它不僅為本地人、亦為外籍人士和國際遊客（特別是居住在香港的日本人）服務，這證明了提供真正香港家庭式體驗的吸引力。

在香港，私房菜館沒有直接的歷史先例，但有飲食作家向我提過，私房菜館的概念可追溯至 1960 年代發展起來的一種高度獨特的私人會所。這些私人會所的主要客群為銀行家和商人，以提供蛇羹等獨特的本地美食而聞名。在這裏，我們有一種不同類型的私房菜館，它代表了家常自製菜式、商業化演繹，以及家之形象的當代融合。以此，外籍人士和遊客被私房菜館所吸引也就不足為奇了，但大家可能想知道為什麼本地中產階級亦對私房菜感興趣。事實上，我們要知道在香港長大的移民對父母的家鄉所知甚少，他們大多對了解父母成長時期的生活方式不感興趣。這同時延伸到飲食文化。根據我的日常觀察，本地烹飪技術不再由父母傳給子女。例如，香港年輕一代通常不會在家預備或烹製傳統節日食品，例如農曆新年的小食和時令

特色菜。在許多中產家庭裏，烹飪是由外地來港的家傭完成的，因此家常菜和傳統家庭食品的概念，往往是依據電視劇、電影、廣告和都市神話所構建之想像，而不是實際的生活經歷。透過商業設置傳達的溫暖舒適氣氛、家庭管理和自製食品，以及住宅環境和私人位置，給予願意付錢的顧客一種美好家園的幻想。

由於私房菜在香港的歷史相當短暫，隨着其受歡迎程度的波動，這類食肆仍在經歷重大轉變。我之前提到的第一家四川私房菜館，已不再像最初那樣繁忙。依據我與顧客的對話，在整個 2004 年，餐廳很少迅速被預訂一空，人們還是可以在最後一刻訂到位子。而第二家四川私房菜館的店東告訴我，他也為來自內地的大型旅行團提供晚餐；第三家新成立的私房菜館，現有顧客則大多是日本人，而不是香港本地人。儘管 2004 年私房菜館的數量有所下降，但自香港回歸後，這類食肆的受歡迎程度急劇上升，表明人們對「舊」香港的懷緬之情，而「舊」香港在一定程度上乃植根於內地的傳統。

因此，私房菜館的出現引起我們對身份認同問題的關注。這些場所雖然在獨特的地下環境裏經營，但透過供應所謂的正宗中國地方菜而廣受歡迎。九七回歸後，香港居民對如何定位自身感到困惑，特別是關於他們的身份認同，以及其與內地的往來。他們是內地人，還是香港人？人們意識到，新的政治聯盟為在港內地商人開闢了新的市

場；與此同時，也為身處內地的香港專業人士，提供了更深遠的機會。許多受過本地和西方教育的中產階級青年聲稱，鑒於最近的政治轉型，他們尚未完全解決與中國身份認同相關的問題。在這裏的案例研究中，我觀察到一個家一般的私房菜館是歸屬感的隱喻，儘管它也是個模棱兩可的隱喻。對於大多數生活在香港的廣東人來說，這並非家的體驗，因為私房菜館已經商業化，而且供應的餐點大多是辛辣且具異鄉情調的非粵菜。然而，對於香港居民來說，在私房菜館吃飯是進行「短暫內地遊」的一種簡單方式，也是安全探索內地生活方式的踏腳石。更重要的是，食客可以跟志同道合的朋友一起享受這種體驗。

那麼，為什麼如此日常、平凡的食品，會變得這樣受歡迎呢？以及隨着需求的增加，私房菜隨後的商業化如何影響到它與食用區域或省份、家庭及懷舊菜式之間的聯繫，藉以在香港回歸前後的過渡中構建新的身份認同？平民級烹調是指準備和消費廉宜、普通且在地的家常菜，而不是在優雅、精緻的用餐氣氛裏供應昂貴、具有異國情調和進口食材的高級烹飪。在本書中，平民級烹飪也指向商業化的地區、家庭及懷舊食品；這些食品既非由具有專業烹飪技能的人士準備，也不是通過勞動密集型餐飲服務所提供。平民級烹飪的準備方法簡單，在香港各區每天都有供應並被食用。鄉村烹飪、媽媽的味道、自家製食品或傳統烹飪口味和實踐被商業化和商品化，無可避免地引起了

其正宗性的問題。正如 Handler 所指出，「正宗性是一種與
西方個人概念密切相關的文化建構」，[12] 而不是中國等非
西方社會所隱含的概念。在這裏，我的分析主要集中在平
民級烹飪的流行對社會和文化的影響、香港特質的建構，
以及在商品化世界中尋找當地身份認同和文化歸屬感的現
象等問題。由於大多數平民級烹飪每次製作的準備方式都
各有不同（例如不同的場地、不同的廚師和不同的食材），
因此人們認為其正宗之處在於它總是植根於不同的在地文
化意涵。

　　考慮到香港和內地的快速發展，私房菜館的這種過渡
功能相當短暫；事實上，這些獨特而日常的處所，其概念
在過去 20 年間發生了相當變化。我還認為私房菜館的早期
過渡功能，目前已被專門供應地區或省份菜系的新餐廳所
採用，並且進一步發展。在 2004 年，除了市區新冒起的餐
廳在復興客家菜和順德菜外，京川滬三種菜系的連鎖店，
也見於各大商場和新市鎮。因此，人們對這些在地菜系的
興趣是由早期的私房菜引發，並為目前以地區菜系為特色
的飲食場所之流行奠定了基礎（而重點在於鄉村風格的
烹飪）。在過去十年間，香港這類餐廳數量日增。除了自
1990 年代以來在香港的發展外，私房菜的概念將如何對內
地產生影響，亦相當值得思考。對在地食材及從家庭成員
繼承烹飪技巧的關注，讓人們開始欣賞飲食。地區傳統和
歷史，也讓人們在社交媒體上或與朋友談論他們的故事時

感到自豪。在香港，私房菜的性質或許已經改變，但顯然仍持續普及。例如廚師們會在特殊的快閃場所煮食。與此同時，越來越多的私房菜館在翻新的工業大廈裏經營，比起中國地方菜，更多是提供免費開瓶服務的西餐廳，以吸引葡萄酒飲用者。

注釋

1 關於 1997 年香港回歸的詳情，見 Abbas, Ackbas, *Hong Kong: Culture and the Politics of Disappearance*, Hong Kong: Hong Kong University Press, 1997；Skeldon, Ronald, *Reluctant Exiles? Migration from Hong Kong and the New Overseas Chinese*, Hong Kong: Hong Kong University Press, 1994。

2 Lau, Siu-kai, Kuan Hsin-chi, *The Ethos of the Hong Kong Chinese*, Hong Kong: The Chinese University of Hong Kong Press, 1988.

3 Watson, James L., 'From the Common Pot: Feasting with Equals in Chinese Society', *Anthropos*, Vol. 82(1987), p. 394.

4 Tang, Kwan Chi, 'A Big Bowl Feast', in the Hong Kong Tourism Board, *Tell Your Hong Kong Story*, Hong Kong: Hong Kong Tourism Board, 2002, p. 4.

5 Watson, James L., 'From the Common Pot: Feasting with Equals in Chinese Society', *Anthropos*, Vol. 82(1987), pp. 391-392.

6 Hong Kong Special Administrative Region

Government [HKSARG], 'Safety Tips for Enjoying "Poon Choi"', *Government Press Release*, 15 January 2005. Hong Kong Special Administrative Region Government [HKSARG], 'Eat Safety during Lunar New Year', *Government Press Release*, 5 February 2005.

7   Chan, Selina C., 'Food, Memories, and Identities in Hong Kong', *Identities*, Vol. 17(2010), pp. 204-227. Chan, Kwok Shing, 'Traditionality and Hybridity: A Village Cuisine in Metropolitan Hong Kong', *Visual Anthropology*, Vol. 24, No. 1(2011), pp. 171-188.

8   Sutton, David E., *Remembrance of Repasts: An Anthropology of Food and Memory*, Oxford and New York: Berg, 2001, p. 161.

9   Simonds, Nina, 'In Hong Kong, Home Kitchens with Open Doors', *The New York Times*, 15 August 2004. Sterling, Richard, Elizabeth Chong, Lushan Charles Qin, *World Food Hong Kong*, Victoria, Australia: Lonely Planet, 2001, p. 148.

10   Chan, May, 'Top Food Guide's Flavour of the Mouth', *South China Morning Post*, 3 March 2003.

11   Chan, May, 'Illegal Eateries Want Licence-Free Status', *South China Morning Post*, 3

March 2003.

12 Handler, Richard, 'Authenticity', *Anthropology Today*, Vol. 2, No. 1(1986), p. 2.

Chapter 5

飲食遺產的
意識提升

　　雖然傳統食品或曾用以維持個人生命和家庭溫飽，但從保存的角度來看，商業化已令其失真。在香港，我們知道無法讓過去的飲食方式全然復活，特別是當中不少食物和菜式到了現代已經沒人烹調或食用。然而，我們仍然面臨着兩難的境地：要麼為了市場利益而保留有所改動的傳統飲食方式，要麼更加關注廣受歡迎、具商業可持續性的混合飲食文化。這引發我們對如何評估為生存而轉型的非物質文化遺產的思考。根據聯合國教科文組織（UNESCO）2003 年《保護非物質文化遺產公約》，「非物質文化遺產」的定義為：

> 　　被各社區、群體，有時是個人，視為其文化遺產組成部分的各種社會實踐、觀念表達、表現形式、知識、技能，以及相關的工具、實物、手工藝品和文化場所。這種非遺世代相傳，在各社區和群體適應周圍環境以及與自然和歷史的互動中，被不斷地再創造，為這些社區和群體提供認同感和持續感，從而增強對文化多樣性和人類創造力的尊重。[1]

　　當中列出了五個文化遺產領域：「口頭傳統和表現形式，包括作為非遺媒介的語言；表演藝術；社會實踐、儀式、節慶活動；有關自然界和宇宙的知識和實踐；及傳統手工藝」，國家有義務作出努力，開展保護過程，並特別強調：

全球化和社會轉型進程在為各群體之間開展新的對話創造條件的同時，也與不容忍現象一樣，使非物質文化遺產面臨損壞、消失和破壞的嚴重威脅，在缺乏保護資源的情況下，這種威脅尤為嚴重。[2]

毫無疑問，許多國家都試圖將其飲食文化列入「聯合國教科文組織人類非物質文化遺產代表作名錄」。例如，法國美食和墨西哥傳統飲食分別於 2010 年被列入名單。韓國（2013 年）和北韓（2015 年）的泡菜製作及分享，以及跨國提交的地中海飲食（2013 年）、日本和食（2013 年）、新加坡小販文化（2020 年）均已成功上榜。從 2010-2020 年，共有 22 個一共與 32 個國家相關的食品類項目被列入。就個別國家而言，無論它們是否聯合國教科文組織成員，各種與食品有關的習俗毫無疑問已被承認，並作為地區及國家文化得到推廣。除卻這些代表相關國家文化的成功例子外，還有更多與飲食相關的案例，伴隨着我們可能忽略了的類似問題。

我們可能永遠找不到保護非物質文化遺產的合適時機。換言之，我們要麼來不及搶救遭毀的項目，要麼過早地將已改動或商業化的項目納入保護範圍。因此很重要的一點是，我們應該嘗試將傳統的飲食文化傳給下一代；但我們也必須接受由於商業利益，當中某些傳統已經發生了改變，以及可能已經或大部分消失了。我相信香港也不例外。

在被列為香港非物質文化遺產的 480 個項目當中，不少本身是食物或與其相關，如豆腐、豉油、奶茶、鴛鴦（茶和咖啡混合的飲品）、蛋撻和菠蘿包的製作或釀製技藝，以及食盆、清明仔、[3] 蕃薯餅、[4] 涼茶、蠔養殖技藝和捕魚技藝。我認為以上這些對於理解我們的歷史文化非常重要，可以被公認為非物質文化遺產。

然而，我認為我們還需要建立一些全球價值觀，而不是如此重視地方傳統。就像新加坡小販文化一樣，我們可把茶餐廳看作一個整體概念，而非一家提供一系列項目的食肆。我們可強調茶餐廳對不同階層、年齡、性別和社會地位人士的包容氛圍，以及它們所供應的菜式的多樣性。這些菜式具有許多地方特色，並在形式和口味方面進行了特別調整。對現有非物質文化遺產名錄提出進一步評論前，我想先談談文化與遺產之間的差異。以客家菜為例，我認為戰後為勞動階層提供的客家食品應該成為香港文化的一部分，因為自 1950 年代以來，它一直是香港豐富繁多的飲食習慣的其中一部分。客家菜不僅反映了飲食實踐，更反映了社會價值觀和人際關係。我認為本地客家菜是非物質文化遺產的重要組成部分，因為它從特定環境演變而來，並且根據人們幾百年來的生活經歷而發展。如前所述，本地客家菜是從老一輩流傳下來的；由於都市化和工業化帶來的影響，實在有消失的危機。除了比較兩種客家飲食外，我想在這一章介紹本人對飲食遺產的某些關注。

　　我早年對客家菜館的研究，讓我對不同生產、分銷和消費層面的變化產生了興趣。我研究了淡水魚塘養殖，不僅將之視作傳統的第一產業，也是地區發展的一部分，並結合香港內后海灣漁業社區長期的歷史和社會形態。我調查了在文化政治背景下當地社區與政府、發展商和環保主義者的關係，並且找出他們在維持傳統淡水魚養殖實踐上所存在的問題。特別是我意識到淡水魚養殖沒有得到政府足夠的技術支援，只有對市場需求有良好認識的養魚戶才能生存。換言之，一些昂貴的魚種，如鯪魚及以花生麩餵飼的烏頭，在當地已再沒有出產。因着這些問題，我開始關注與文化遺產保護相關的資源維護。

　　為了豐富對飲食文化作為非物質遺產的理解，我們應關注國家政策、機構監督、社區傳統和個人承諾等機構和工具，在保育飲食文化方面所發揮的作用。基於我對淡水魚養殖戶及本地廚師生活史的研究，我調查了香港本地社區和個人在保護食物遺產方面所扮演的意義和角色。以下三個案例，代表了這些代理人和參與者在保護非物質文化遺產方面所面臨的挑戰。

資源作為遺產：混養淡水魚類養殖和相關網絡的生態作用

　　某些國家建立了他們過去種植的作物及蔬菜品種的清單，其他國家則通過推廣傳統技術來認可他們的農業遺

產。在香港，漁業可能是最後的主要第一產業，而商業淡水魚塘大多位於新界東北部。勞動力不足、當地漁業社區高齡化、污染，以及從內地入口的低成本魚類所造成的競爭等多種因素，使得這些魚塘的產量一直在下降。行業的衰落，不僅反映了作為傳統技能的混養耕作方式的丟失，還反映了一系列相關活動如市場網絡、客戶關係、烹飪實踐，以及支援候鳥活動的生態作用，如此這些，都是當代香港社會對環境支持，以及戰後社會經濟發展的重要組成部分。因此，當我們將淡水魚養殖視為一種文化遺產時，它成了文化和生態知識的融合，與二十世紀初開展的獨特發展交織在一起。

　　為提高漁業的經濟回報，漁護署在過去十年，曾嘗試引入各種非本地魚類，如丁桂魚、鮰魚和寶石魚等品種。可是這些嘗試並不是很成功，因為本地顧客認為丁桂魚的骨太多了；而鮰魚不甚討喜的樣子，更讓顧客無意購買；至於澳洲寶石魚，漁護署曾多次嘗試孵化魚卵，以減低入口魚苗的成本，結果均未成功。最終，漁護署在 2007 年成功培育了澳洲寶石魚苗，有助於本地養魚戶以較低成本獲得穩定的供應。然而，澳洲寶石魚因其具攻擊性的飲食習慣，只能進行單一養殖，而當地養魚戶則大多數採用混養方式養殖淡水魚，兩者未能成功配合。

　　比起支援本地養魚戶進行混養，漁護署似乎對引入外來物種更感興趣，而這可能不太適合傳統的系統和做法。

我問過漁護署人員，既然對烏頭魚苗和魚種的需求量很大，而它們主要從中國大陸和中國台灣入口，只有小部分是在本地沿海水域捕撈的，為何他們沒有發展本地魚苗生產？一位高級政府官員告訴我，這種捕撈魚類的行為將被視為農業補貼，這是世界貿易組織（WTO）成員所不允許的。我並不太明白背後的考量和限制，但這就是他們的決定。最後，在談論作為非物質遺產的飲食文化時，應注意如何以可持續的方式生產資源，並應通過了解當地生態系統加以保護。行政長官在 2021 年《施政報告》中提到北部都會區的發展構想。未來幾十年，魚塘景觀將發生巨大變化，這一點毋庸置疑。因此，為了社會的福祉，我們應該更加注意保持飲食遺產、保育和發展的良好平衡。

飲食文化遺產的零售網絡：糧食安全管理及相關知識

除了資源問題外，在研究飲食文化方面的遺產保護時，還需要考慮零售貿易網絡。與批發和零售的入口一樣，貿易系統不僅代表商務活動，且代表與各個社會領域建立長期聯繫的當地網絡。最著名的案例之一是 Bestor 對築地 —— 大部分東京地區消費的吞拿魚被拍賣和出售的地點 —— 的研究。[5] 通過調查與這些相關網絡有關的貿易業務，築地的貿易系統很明顯地形成了一個重要的體制，有助於保護日本社會的飲食遺產。類似的問題表現在香港

上環區的乾貨產品上。該地區由集中的街巷組成，到處都是海味乾貨產品的入口商、批發商、零售商，以及主要銷售海味的現代迷你超市。這些貿易商經營來自世界各地的乾貨商品，如日本鮑魚、印尼海參、孟加拉鹹魚、中國草藥、蝦醬（用本地捕捉的蝦製作而成）、陳皮、花膠、人參和燕窩等。而貿易網絡本身就是一個重要的品質和安全控制系統，應被納入中國飲食文化的研究範圍內。例如，傳統的貿易體系不僅是一種鼓勵專業化的物流分工，它們也是一種非正式的品質和安全控制，通過包括入口商、批發商、零售商和銷售人員在內的各級交易進行監察。以下試以一家蛇肉店（一般稱蛇王 X）為例，說明在急速變化的香港社會裏，零售業如何扮演傳統且重要的角色，以保護粵菜文化。

　　粵菜與大多數中國地方菜系不一樣，前者以蛇、野鳥及各類獵物等「野味」入饌。我將以零售蛇店作為案例研究，以展示貿易網絡及其相關的社會文化意義。首先，蛇是種有時可在野外捕獲的爬行動物，因此蛇店需要確保他們的蛇沒有攜帶寄生蟲，這對於到店生吃蛇膽的顧客尤其重要。此外，蛇店經常為餐廳提供蛇肉，因為蛇肉的處理方式與其他食材不同。我有幸認識了一位蛇肉供應商——明師傅，他出生於廣州，1948 年十幾歲時來到香港。他在父親的「蛇舖」工作。明師傅告訴我，上世紀初在廣州、澳門和香港都普遍存在蛇店，而蛇羹從 1950 年代開始已非

常流行。蛇宴曾經是各個宗親會和工會在秋冬季節舉行的重要活動。過去人們不僅從商店購買蛇羹，還會購買新鮮蛇肉在家煮湯。除了蛇肉外，他們還用蛇膽與米酒、薑、胡椒、陳皮等材料混合製成各種產品。它們並非強效藥物，而是對華人日常生活中的小問題有幫助的本地中藥。

因此，這種零售系統十分複雜，因為它涉及與批發商、餐廳甚至街客的業務關係，以及通過傳統學徒制獲取的技術。至於為餐廳和零售業處理蛇的技術，明師傅回憶道：「從一開始學習就不是一件易事。」他說他那時並未有機會學習如何挑選和處理蛇，而是被要求在店內清洗地板，以及處理其他雜務。在同一家蛇店工作了幾十年後，明師傅已成為主要在秋季和初冬供應蛇羹的高級粵菜餐廳當中的知名人物。處理活的毒蛇從來都不是一件容易的事，學徒制仍被認為是此類工作的必要條件。然而，隨着入行的年輕人越來越少，對蛇肉的需求隨之下降，已經可以看到在該行業中，傳統蛇類處理技術的失傳越顯嚴重，而為零售市場所生產的藥品也較少。

食譜的保存與建立檔案館、資料庫，以及烹飪技巧的口頭紀錄之間的聯繫

在香港社會中，保存家庭食譜非關文件歸檔，而是代代相傳的知識。從我自己的經驗來說，我的祖母曾經準備

過不同種類的新年食品供我們自己食用，並且作為禮物分送親戚朋友。我的母親仍會在農曆新年準備其中的一些菜式。然而，如今準備的數量和品種比以前要少得多。我不確定我們會否繼續這個傳統，因為現在已經可以在本地店舖買到類似的產品。這種情況不僅限於本地節日小食，更常反映在盆菜的商業化和餐廳家常菜的可及性之上。[6] 如前所述，盆菜的概念已被廣泛採用，也已被商業化，更是為了迎合不想在節日聚會時準備餐點的家庭。除了購買外賣盆菜，而不是在特殊活動依據家庭食譜來烹飪，我們還可以將餐廳及快速增長的甜品店所供應的家常菜的可及度，視為家庭烹飪衰落的指標。

香港有超過 300,000 名外籍家庭備工（主要來自菲律賓和印尼），佔香港家庭的 10%-15%；家庭傭工負責大部分煮食工作，其使用的食譜大多並非繼承自家庭內部。依我推測，只有極少數是從他們服務的家庭那裏學習傳統菜式。此外，外出用餐在香港非常普遍，人們經常在連鎖快餐店或一般餐廳跟家人一起吃飯。如果人們選擇在家用餐，可在街市和超級市場輕鬆購得即食或方便的包裝食品。這使得自年長家庭成員那裏繼承家庭食譜變得不那麼重要。想吃家常菜或甜品的人們，可到附近的食肆輕鬆找到心頭好，而且不需花費太多金錢。因此，家常菜和家庭菜式不限於在家庭領域供應，還可在食店和餐廳中享用，一個極端的例子可能是 1990 年代香港私房菜館的出現。

正如我之前所提到的，私房菜代表了日常自家製食品、商業化演繹及家庭形象的當代融合。餐廳老闆兼店東的個性得到了上佳的呈現。採用室內整體家庭式佈置，烹調時不使用味精等人造物質——這是注重健康的消費者所關注的——加強了傳統家常菜作為家庭食品的形象。與擁有更多桌子並要求員工穿着制服的主流餐廳相比，私房菜館以其小尺寸與非正式的氛圍而著名。在私房菜館裏享受正宗食物和賓至如歸的感覺很重要，因為它提供了大部分香港人似乎都在尋求的舒適感和歸屬感。因此，香港私房菜的受歡迎程度不僅反映了一種尊享的形象，而且最重要的是反映了一種傳統家常菜的意識。這強化了歸屬感——也就是在家吃飯，而不是在普通的食肆或開放予任何顧客的餐廳用餐。然而，私房菜館的普及也可能反映出家庭食譜的消失，這是伴隨急速都市化和現代化而來的。

保護和文化遺產管理的實踐代表了知識體系，而非單一的食物品項。以上這三個案例研究提醒我們，在決定它們應否被視為非物質文化遺產，以及如何保護它們的時候所存在的困難。誠然，這些案例都分享了相當重要的知識，關乎祖輩流傳下來的飲食文化。然而它們的生存方式發生了變化，並且變得商業化。香港漁業的案例顯示，由於市場對某些種類的淡水魚（如鯉魚和生魚）需求減低，加上勞動力成本高昂，本地養魚戶很難經營傳統的沿海混養系統。特別是假如沒有政府的支持，傳統的食物生產系

統可能很難維持下去，而這些地方資源問題更會對飲食遺產造成影響。蛇店代表了一種獨特的零售系統，傳統做法扮演着多重角色；不過我們可以把它視作一個展示櫃，以了解它如何通過傳統的學徒制來保護粵菜及確保食品安全的重要方面。在家常烹飪的案例研究中，由於新一代未能從祖父母和父母那邊繼承技能，家傳食譜正在消失，而以當地食譜製作的家庭食品則由商業界別準備。我想在這裏強調的是，我們正在失去人們過去進用的食物和餐點，以及相關的知識和價值觀。與此同時，我們的自我也正在迷失，因為菜式經過商業改動後，要將其視為文化遺產也恐怕為時已晚。因此，認可的時機乃非物質文化遺產保護的關鍵，但在變化和傳統改動的背景下往往已經太遲，又或者仍在商業層面被維持的話卻又為時過早。[7]

注釋

1　UNESCO, *Convention for the Safeguarding of the Intangible Cultural Heritage*, Paris: UNESCO, 2003, p. 4.

2　Ibid, p. 1.

3　「清明仔製作技藝」現收錄在香港非物質文化遺產（非遺）清單 5.25。清明仔又名「雞屎粿」，是本地客家鄉村的傳統小食。一般以鄉村附近採集的新鮮雞屎藤葉（Paederia foetida）先蒸熟，加上糯米粉、粘米粉、花生和糖等做成小丸形狀，以六個為一組放在蕉葉上蒸製而成，有別於一般茶粿（見非遺清單 5.24）作為新界鄉村成員於農曆新年製作的新春小食和用於祭祀的供品，清明仔是清明節供奉祖先的供品。

4　「蕃薯餅製作技藝」現收錄在香港非物質文化遺產（非遺）清單 5.26。蕃薯餅又稱為「雜糍」，是本地圍村的傳統小食。以紅蕃薯、糯米粉為主要材料，另外加上九層塔（羅勒的一種）、五香粉和食鹽調味後再煎製而成。新界圍村村民在正月十九日製作，於點燈儀式的最後一天，送給添丁的家庭（丁家）作為回禮，因為丁家一般會在年尾向其他村民派送煎堆。

5　Bestor, Theodore C., *Tsukiji: The Fish Market at*

the Center of the World, Berkeley: University of California Press, 2004.

6　Cheung, Sidney C. H., 'Consuming "Low" Cuisine after Hong Kong's Handover: Village Banquets and Private Kitchen', *Asian Studies Review*, Vol. 29, No. 3(2005), pp. 259-273.

7　Cheung, Sidney C. H., 'From Foodways to Intangible Heritage: A Case Study of Chinese Culinary Resource, Retail and Recipe in Hong Kong', *International Journal of Heritage Studies*, Vol. 19, No. 4(2013), pp. 353-364.

　　這本書是一次個人旅程，也是一次了解香港的美食探險。我希望在其他國家曾有類似經歷的讀者能找到共鳴，因為香港的美食發展進程很可能並非只此一家。

　　在我較早前對香港飲食文化的研究，關於地方廣東飲食所帶來的影響，我認為客家菜館的流行和隨後的衰落，是香港從 1950 年代到 1990 年代末急劇社會變化和經濟發展的標誌。[1] 我對客家菜館的研究表明，客家菜最初之所以受歡迎，是因為它味道鮮美，富含肉類蛋白質，這是 1950 年代香港大型基礎設施蓬勃發展時，能源密集型工業受僱人員的重要考慮因素。我還認為客家餐館在 1980 年代的衰落與香港發生的飲食變化有關，這是由於人們的社會價值觀、口味，以及一般飲食文化的改變。香港人正在尋找不同的方式來代表他們嶄新的、聯繫全球的身份，他們希望將自己與早年對食品主要在經濟和營養價值上的關注區分開來。

　　關於戰後飲食方式的變遷，以及傳統食物如何保持表面不變、但實質上又已有所變化，每天都有無數的例子。與此同時，香港社會引入了新款食品，並將之本地化。事實上，新派粵菜的出現，乃香港社會建構的重要指標。到了 1970 年代後期，一個明顯國際都會化的香港，與幾代

受過西方教育的公民，已經站穩了腳步。與戰後轉型並行的是，改良後的粵菜反映了香港社會價值觀的建構方式。這種轉變催生了 1970 年代後期的新派粵菜，它結合了異國情調或昂貴食材，以及西式餐飲特色。利用快速的交通優勢，這種菜系的特點是具有異國情調的食材、新穎的菜式、大膽的烹飪技巧、優質的餐飲服務，以及出色的裝潢和氛圍。新派粵菜是本地和外籍中產階級刻意創造和追求的口味。這種烹調發明的過程，可能反映出 1970 年代後期社會和文化的廣泛趨勢。當時香港日益富裕的新中產階級，被一種更迷人的、強調精緻化的生活方式所吸引。

隨着 1970 年代各種菜系的出現，香港人對於到外地旅遊的興趣也越來越大。東南亞、日本、中國大陸和中國台灣，可能是普羅大眾最常去的地方。然而，大概在同一時間，香港人試圖不只進食中式食品，而是願意在他們到訪的地區，獲取品味和飲食體驗。在這裏，我可以分享一個關於 1980 年代我在東京留學時拜訪朋友的小插曲。這位朋友在香港參加了一個旅行團，到東京逗留數天。他告訴我，旅行社所安排的飲食以中式為主。那些對壽司、刺身等日本料理感興趣的團員，不得不在晚上支付額外的金錢，才能吃到特別的飯菜。這種安排背後的理由是，大多數香港人不熟悉日本料理（尤其是刺身，這在華人飲食中並不常見）。但是，一些旅行團成員可能想在日本旅行時嘗試一下。從這個親身經歷來看，我認為香港人一直在改

變，但傳統習俗不會在一夜之間消失；新式飲食文化的引入，是為了配合社會的發展和與外界的互動。

自 1970 年代後期以來，香港的經濟起飛，並在文化上越趨國際化；個人試圖通過各種方式，把自己和社會聯結起來。通過將食物和菜系視為人們身份和地位的文化標誌，餐廳中的國際菜式有助於識別民眾在國際舞台上平等競爭的方法。然而，在家進用的食物，相比之下傳統和保守得多，包括有對於安全、健康、傳統的冷熱平衡和禮儀禁忌的考慮。在家吃飯和出外吃飯，兩者之間保持着明確的界限。然而在香港，傳統主義和全球主義在本地問題上的這種調和，是完全可以觀察得到的。此外，大部分家庭所使用的食材都非常相似，烹飪風格也很少變化。例如，老火湯、蒸魚、小塊肉類炒時令蔬菜、豆腐，都是典型的家常菜，而米飯更是大多數香港家庭的主糧。家庭內外的飲食習慣差異頗能說明問題，並反映了香港本身的二分法。作為一個國際大都市，香港一方面擁有國際化的成熟度，另一方面又是中華文化的延伸，具有悠久的粵菜傳統。尋求懷舊和自家製作在 1990 年代初開始流行，而相關的文化及政治影響不該被忽視。我希望盆菜和私房菜的普及，能帶來洞察社會變化的角度，特別是盆菜，不僅是後殖民語境下的一種懷舊食品，更展示了共餐在香港社會的意義。換言之，從家庭節日聚會（做節）和社交活動中食用盆菜的行為，我們可以理解與家人和朋友一起吃飯的重

要性。這種做法可以佐證「手機先食」(即我們在吃食物之前先拍照)的現象是合理的,並可以被理解為一種媒體導向的共餐。此外,隨着近年香港人對本地客家菜、自製餃子和小食的興趣日益濃厚,我認為在文化參與鄉村保育的背景下,它正逐漸形成一種新趨勢,以滿足當地傳統的需求。

另一個我沒有涉及的領域(儘管是一個重要的領域),就是食物在媒體和傳播中的使用。現代大眾媒體會對消費習慣構成影響,例如廣告和電視節目為人們提供指導,或教導人們如何選擇及購買商品和服務。大眾媒體通過電視、報紙、雜誌、郵件、互聯網、電台廣播和地鐵海報上的廣告,用各種圖像「轟炸」公眾。回顧過去數十年香港電視節目的發展,我們可以輕易地將之分為三個階段。在第一階段,烹飪被呈現為婦女勝任家務技能的證據。這些節目通常由一位優雅的女士主持,她會建議在特定的日子烹調什麼菜式,並分享她的個人經驗,即如何通過提供傳統的廣東湯水及新鮮的時令菜餚,來維持家中每個人的健康。這種烹飪節目依然作為各種家政系列在下午時段的節目中找到,亦不難發現關於這個主題的書籍和影碟。第二階段則是伴隨着香港生活水準的迅速提高而出現的,渴望展現社會地位的新興中產階級享受海外旅行、奢華的生活方式及美食。香港許多電視旅遊節目中,流行歌手、名人和飲食作家所介紹的昂貴餐飲消費尤其如此。名人會介紹

個別旅遊目的地的本土美食和著名食肆，還會解說當地人如何準備和烹調他們自己吃的食物，並介紹一些具有異國情調的食材，以及菜式的其他方面資訊。第三階段乃結合烹飪技巧和比賽，重點關注團隊合作、家庭關係和個人成就等方面。這些電視和社交媒體的烹飪節目都強調情感依戀、個人敘事和健康問題，而非奢華的食材和專業的烹飪技巧，以回顧食物與他們自身經歷及挑戰的關係。同樣，第三階段的敘事，也被廣泛應用於電影和電視劇中，其中一些說法甚至被普羅大眾認真對待。

時至今日，香港的純素食者及素食者人數均大幅增加。此外，越來越多的年輕人對農業和有機耕種表現出興趣。這些現象提醒我們，不能僅僅在營養、宗教和經濟的背景下理解食物，還必須考慮人們如何將飲食視為他們正在尋找的一種理想生活方式。在 2019 年的社會事件後，出現了一種稱為「黃店」的新食肆類型，吸引了與事件相關某些政治立場的顧客 —— 儘管界限有時並不明確。而新冠肺炎帶來的近年另一個最新變化，就是一些舊區的食品配送，以及食物銀行的發展。

總而言之，這是一部綜合我過去 20 年對香港飲食文化研究的專著。它闡明了我對一系列問題的研究發現，包括戰後移民、農業實踐、全球化、遺產和保育。我對飲食文化的人類學研究表明，這個話題不僅關乎烹飪技巧和營養價值，更重要的是關乎過去一個世紀香港人的飲食之文化

意涵和社會意義。話雖如此，我希望這本書不僅是對香港飲食文化的回顧，更能指出一個全面了解飲食文化和香港社會的路向。

注釋

1　Cheung, Sidney C. H., 'Hakka Restaurants: A Study of the Consumption of Food in Post-war Hong Kong Society', in David Wu, Tan Chee Beng, *Changing Chinese Foodways in Asia*, Hong Kong: The Chinese University of Hong Kong Press, 2001, pp. 81-95.

鳴謝

謹此銘謝所有與我分享其生產、烹調和進食食物的故事之人士。此外，我還要感謝我的家人（Doris、Leni 和 Ben）、在日本曾經指導我的老師、各方友好及美食家，他們的支持讓這本書得以順利完成。特別是啟發我從人類學的角度研究食物的幾位朋友：西敏司（Sidney Mintz，已作古）、吳燕和（David Wu）、陳志明（Tan Chee Beng）與華琛（James Watson）。我很高興也很榮幸認識了眾多勤奮不已的漁農業者、雄心勃勃的食品推廣者、才華橫溢的廚師、善於分析的飲食作家，以及充滿熱情及好奇心的美食家，他們都以各種重要方式對我的研究作出了貢獻。最後，我要感謝香港大學出版社（英文版）和香港三聯書店（中文版）各位工作人員的慷慨協助，Kristy S. Johnson 的英語修訂，譚宗穎博士的中文翻譯，以及香港中文大學文學院為英語書稿編修所提供的資助。

策劃編輯	梁偉基
責任編輯	張軒誦
書籍設計	任媛媛
插　　畫	任媛媛
書籍排版	陳朗思

HONG KONG
Foodways

飲食香港 —一位人類學家的日常觀察

著　　者	張展鴻
譯　　者	譚宗穎
出　　版	三聯書店（香港）有限公司
	香港北角英皇道四九九號北角工業大廈二十樓
香港發行	香港聯合書刊物流有限公司
	香港新界荃灣德士古道二二〇至二四八號十六樓
印　　刷	寶華數碼印刷有限公司
	香港柴灣吉勝街四十五號四樓 A 室
版　　次	二〇二四年七月香港第一版第一次印刷
規　　格	三十二開（125 mm × 180 mm）一五二面
國際書號	ISBN 978-962-04-5514-8

© 2024 三聯書店（香港）有限公司

Published & Printed in Hong Kong, China.

Hong Kong Foodways
©2022 香港大學出版社